# Oser sortir et crier

## De la même autrice

**Romans**

*Je ne veux pas être jolie*, Plon, 2020 ; Pocket, 2021.
*Un si long chemin jusqu'à moi*, Denoël, 2016.

**Théâtre**

*Je ne serai plus jamais vieille*, Éditions de l'Amandier, 2015.

À Cassandra et Asia,

*Je voudrais mettre à nu le fond de la mer.*
Virginia Woolf

Elle marche vite. Elle a hâte.

Un jean, un tee-shirt, des sandales.

Le chignon défait, les cheveux très longs dans le dos. Elle s'était dit que réussir à les avoir très longs lui porterait bonheur.

Une mèche lui fouette le visage. Elle est vivante. Tellement vivante.

Elle a rendez-vous avec Brigitte R.

Brigitte R. saura quoi dire, quoi faire.

Après, elle sera débarrassée.

Prête pour la vie qu'elle a choisie.

Elle a tellement hâte, maintenant qu'elle a dix-huit ans.

Dix-huit ans, enfin. Elle les attend depuis si longtemps.

Huit hivers, huit étés.

Elle avait quinze ans encore, une amie de ses parents lui avait demandé si elle avait hâte d'être majeure. Les amis de ses parents adoraient poser des questions aux enfants, persuadés toujours de poser la juste question, de récolter ainsi le bon mot, le mot d'enfant, un peu naïf, un peu stupide. Ses autres frères et sa sœur étaient majeurs depuis plusieurs années. Il n'y avait qu'elle et son frère le plus proche, un an et demi d'écart, à ne pas l'être.

Ils sont six dans la famille, une sœur aînée, déjà partie, déjà mariée, trois frères, trois garçons qui se suivent et font équipe, le frère le plus proche, et elle.

— Il me tarde, mais c'est long, avait-elle répondu à l'amie de ses parents qui, indulgente et souriante, se penchait sur elle, la poitrine pleine de perles.

Si long d'attendre.

Dix-huit ans, elle peut choisir le président de la République, et elle ne votera certainement pas pour celui dont on parle chez elle tous les soirs au dîner, mais surtout, elle peut choisir sa vie. Choisir enfin qui elle sera.

L'ombre et la fraîcheur de la rue sur son visage, son cou, ses bras nus.

Elle a hâte.

Elle parlera à Brigitte R., elle sera débarrassée. Le poids en moins. À nouveau libre comme avant, comme quand elle était petite et qu'elle avait encore un prénom. Comme quand elle montait sur le trapèze, se suspendait à la barre, regarde mon cochon pendu, et se fichait de savoir si on voyait sa culotte. Libre, comme quand elle prenait son vélo pour aller cueillir des mûres dans les ronces, courir à travers champs, les tiges des maïs lui griffaient les mollets. Elle revenait les jambes bardées d'égratignures, et la peau piquait le soir sous la douche.

Libre, comme quand elle et son frère le plus proche s'en allaient rendre la justice.

— Qu'est-ce que vous faites ? demandait leur mère les surprenant sur le pas de la porte, essayant de les retenir, il y avait toujours à faire pour aider dans le jardin, dans la maison.

— On va se promener, répondaient-ils, blonds et angéliques.

Elle les laissait partir, ils arroseraient plus tard, au moins ils s'occupaient, ils n'étaient pas dans ses pattes.

En réalité, ils s'en allaient saccager le chantier des voisins, des horribles, des menteurs, des voleurs qui s'attaquaient à une vieille dame en faisant main basse sur son terrain, c'est ce qu'ils entendaient des parents le soir au dîner, quand ces derniers ne dissertaient pas autour du futur président de la République.

Ces traîtres de voisins ourdaient des complots, elle et le frère le plus proche avaient appris l'expression au début de l'année à l'école. Quelque chose dans ces mots des troubadours occitans. Ils les trouvaient magnifiques. Les répétaient dès qu'ils en avaient l'occasion. Les traîtres ourdaient donc autant qu'ils pouvaient ourdir pour voler une pauvre vieille dame, seule et poudrée, toute la journée assise, à attendre à sa fenêtre que son mari ou son fils reviennent. Ils ne revenaient jamais.

Dans la maison en chantier, elle et le frère le plus proche renversaient des sacs de plâtre, des pots de peinture, cassaient ce qu'ils trouvaient à casser, une vitre, des bouts de bois, rien de plus.

Un jour, dans l'obscurité de l'automne, ils trébuchèrent sur des planches. Ils rentrèrent à la maison, écorchés, claudiquant et pas fiers. La mère appela le médecin. Il diagnostiqua au frère le plus proche une entorse au poignet. À elle, pas grand-chose. La mère voulut tout de même savoir comment et pourquoi ils s'étaient fait mal. Ils durent avouer. On les punit. Pas de chocolat au goûter pendant une semaine. Du pain sec. Il leur fallut aussi abandonner l'idée de rendre la justice. Ce n'était pas aux enfants de le faire.

La vieille dame seule et poudrée mourut un an plus tard.

Elle marche vite, elle a tellement hâte.

Le bus l'a laissée au terminus.

— Place Esquirrrol, terrrrminus, tout le mooonde desceeend.

Le chauffeur a un accent à couper au couteau. Les *on* et les *en*, dans ses mots, s'étirent, tranquilles, peinards, sous le soleil toulousain. Les *r* font la roue comme celle qu'enfant elle montrait, trop fière, à son frère le plus proche, t'as vu un peu ce que je sais faire.

Maintenant qu'elle est grande, au lieu d'Esquirrrol, il lui semble entendre casserole. Il y a sur la place, dès le matin quand elle arrive pour aller au lycée, mais plus encore le soir quand elle rentre à la maison, des odeurs de chichis, de gaufres, de crêpes. Une boutique dégueule jusque sur le trottoir tout un attirail d'ustensiles, des cocottes, des moules à gâteaux, des fouets, des râpes à fromages, à légumes, à chocolat. Tout un tas d'ustensiles qui fait du bruit dans sa tête.

— Tu ne veux pas faire un gâteau pour tes frères ?

La place Esquirol, la rue Saint-Rome.

Sur la droite, le pâtissier délicieux. Leur mère les y avait emmenés à Noël, elle et son frère le plus proche. Elle n'avait pas encore perdu son prénom. Ils avaient vu *Bambi* au cinéma. Ils avaient beaucoup pleuré quand la mère du petit faon était morte. Pour les consoler, leur mère leur avait acheté des gâteaux.

— On prend quoi ?

— Ce que vous voulez.

— C'est vrai ?

— Oui.

Ils n'avaient pas l'habitude, six enfants, c'est beaucoup à emmener au restaurant, ou dans une pâtisserie. Ils avaient choisi le gâteau le plus gros, de la crème au chocolat qui déborde de partout, de la chantilly qui recouvre le chapeau. Tous les deux le même gâteau, le même bonheur de chocolat, de chantilly.

C'est après la pâtisserie que la rue s'assombrit.

C'est peu de temps après avoir vu *Bambi* que les jours devinrent moins clairs.

Après la pâtisserie, des boutiques de vêtements bon marché. Des robes, des pantalons, ourdis, eux aussi, à la chaîne, sans doute par de trop jeunes filles, de trop jeunes garçons et sans doute pas en France. Un marchand de journaux. Une boucherie. Le matin, quand elle passe pour aller au lycée, c'est l'heure des livraisons. Des hommes en tabliers blancs (pourquoi blancs ?), tachés de sang, transportent d'immenses carcasses qu'ils maintiennent serrées, coincées entre l'épaule et le menton. Ainsi penchés sur les bêtes mortes, on dirait qu'ils les embrassent. Elle détourne la tête. Ne mangera plus jamais de viande. Ne mangera rien de toute façon, au déjeuner, à la cantine. Elle voudrait ne plus avoir à manger.

Elle marche vite rue Saint-Rome.

Tout à coup, comme une fin d'hiver, comme les dix-huit ans qui sont arrivés enfin, la place du Capitole, presque blanche dans la lumière de juin, large, éblouissante.

Le granit rose sur le sol.

Les toits de tuiles dans le ciel. Un ciel sans nuage, uniformément bleu.

Un vol d'hirondelles.

Après avoir vu Brigitte R., elle sera légère.

À droite, la mairie, le grand théâtre, orchestre symphonique, cantatrices et ténors célèbres.

À gauche, sous les arcades, les cafés. Celui des colliers de perles, des mocassins à pompon, des foulards en soie. Et celui des cheveux longs, des pantalons pattes d'éph', des effluves de patchouli sur les écharpes mauves.

Chacun le sien.

Chacun son genre.

Chacun ses opinions politiques.

Au coin, à peine si on le devine, celui des gauloises et des papiers maïs, de la bière au comptoir, des courses et des jeux de hasard.

C'est là qu'elle a rendez-vous.

Dans ce café, bruyant et enfumé, personne n'entendra ce qu'elle a à dire. Personne ne s'offusquera non plus de la façon dont elle s'habille.

Ni foulard en soie. Ni écharpe mauve.

Un jean, un tee-shirt, un point c'est tout.

Rien de remarquable. Surtout ne pas être remarquée.

Pas comme les autres au lycée, ni même comme son frère le plus proche. Pourtant, on ne pouvait faire plus proches, quelquefois c'étaient les mêmes.

Vraiment les mêmes, soupirait leur mère, quand, petits, ils esquintaient leurs pantalons, leurs chaussures, et dans sa bouche le *in* d'esquinter semblait comme une longue plainte, ne jamais devoir finir. Six enfants ! Et les deux derniers quelquefois infernaux. Et le *in* de infernaux, à nouveau, qui ne finissait pas.

Deux mois plus tôt, le frère le plus proche était passé du patchouli sur les écharpes mauves au vétiver sur les pulls à col V, du jean pattes d'éph' au pantalon en velours que leur mère avait dorénavant le droit de repasser. Il avait coupé ses longs cheveux filasse, jeté le crayon noir avec lequel, pendant plus d'un an, il avait fait le tour de ses yeux gris.

— Il ne te manque plus qu'une jupe ! lui disait leur père, persifleur et râleur.

Il n'était pas content. Ah, ça non. Un fils comme ça, ça ne lui plaisait pas. Pas du tout.

Une jupe ? Pourquoi pas ? Peut-être qu'un jour le frère le plus proche y viendrait. Il en était capable.

Et elle ?

Elle ? Une jupe ? Et si tout à coup le vent se levait ? Ce vent d'autan qui souffle dans le Sud-Ouest. Un vent violent, qui porte sur les nerfs, provoque des coups de gueule, des coups de tête, brise des vies. S'il soulevait sa jupe ? On verrait ses jambes, ses cuisses, peut-être même sa culotte. Non. Elle ne mettra pas de jupe. Jamais. Ne sera pas comme Marilyn Monroe qui laisse sa robe se soulever au-dessus des bouches de métro.

— Ah bon, pourquoi ? demande le frère le plus proche.

Elle est blonde, plutôt jolie, la plupart de ses copains seraient bien contents de passer plus de cinq minutes avec elle, et visiblement, depuis qu'elle s'y est mise, elle est douée pour le théâtre, alors, pourquoi pas ?

— Pourquoi tu ne serais pas Marilyn Monroe, après tout ?

Lui, si on lui proposait d'être Jean-Louis Trintignant, de conduire des voitures de course, de prendre dans ses bras Anouk Aimée, Brigitte Bardot ou Romy Schneider, il ne dirait pas non.

Il rit.

Elle, n'a pas envie de rire.

Pourquoi ?

Il ne comprend pas.

Bien sûr qu'il ne comprend pas, elle ne lui a pas dit. Ne lui dira jamais.

Il hausse les épaules, lui, veut tout vivre, tout essayer.

Elle, pense d'abord à tenir sa route. Tenir, jusqu'à ses dix-huit ans.

Lui, veut profiter des copains, des sorties.

Elle, doit profiter des forces qu'il lui reste pour avancer. Travailler le plus, le mieux qu'elle peut, quitte à pleurer de fatigue et de découragement devant les versions grecques et latines. Ne pas dévier de sa route. En terminer au plus vite. Avec la maison, le lycée, les langues mortes.

Mortes, les langues.

Quand elle aura terminé, elle fera du théâtre.

Rien que du théâtre.

Depuis qu'elle a découvert qu'on pouvait dire d'autres mots que les siens, les siens étant impossibles à dire, elle ne pense qu'au théâtre.

Même avec les garçons, elle ne pense qu'à ça, ne parle que de ça. Ils l'écoutent, bien obligés, mais fascinés.

Pourtant, elle ne sait presque rien du théâtre, des auteurs, des metteurs en scène, des grandes actrices, des grands acteurs. Avignon, elle ne sait pas qu'il y a un festival. Chaillot ou l'Odéon, elle ne sait pas qu'ils existent. Stanislavski ou Vassiliev, n'en parlons pas. Mais ce qu'elle sait du théâtre, c'est ce qu'il se passe en elle quand elle en fait. Pour elle c'est comme un sport, on fait du théâtre comme on fait de la natation, du rugby, de la danse. C'est oublier le reste, être là, tout entière, disponible. C'est se battre, rire, mentir, crier, supplier, s'en aller de fatigue, de désespoir, revenir se battre encore, mourir d'amour, mourir d'un coup, y croire plus que tout.

Faire du théâtre est devenu nécessaire. À sa survie.

La place du Capitole l'éblouit comme un drap blanc que l'on déploie au vent, l'été, pour qu'il sèche. Elle plisse les yeux. Au coin, sous les arcades roses, le café.

Brigitte R. est-elle déjà là ?

Elle avait tout de suite accepté le rendez-vous.

— On pourrait se voir samedi prochain à seize heures ? Je voudrais te parler.

— Bien sûr.

C'est Brigitte R. qu'elle a choisie pour parler de la chose. La chose qui fait que, depuis ses dix ans, elle n'a plus de prénom.

Brigitte R. trouvera la solution.

Après, tout pourra commencer.

Brigitte R. est une fille de sa classe. Une tête, en français, en philo, en latin et en grec. Mais si c'est à Brigitte R. qu'elle a voulu parler de la chose, c'est moins pour ses performances scolaires que pour ses séditieuses lectures, sa liberté de penser et ses opinions politiques. Chez Brigitte R., on vote à gauche. Chez elle, on vote à droite.

Deux mois plus tôt, Brigitte R. l'avait invitée à déjeuner chez elle. Dans leur classe, bien des filles auraient tout donné pour être à sa place. Quelques heures avec Brigitte R., c'étaient quelques heures dans le monde de l'intelligence, de la finesse, de l'acuité, dans le monde des adultes avant l'heure.

Ils sont trois autour de la table. Brigitte R., son père et elle. La mère de Brigitte R. fait la journée continue, elle ne rentre jamais manger le midi.

Dans sa famille à elle, on ne dit pas le midi, mais le déjeuner. On ne dit pas manger, mais déjeuner, dîner.

Quand ses parents lancent une invitation, *et si on lançait des invitations, ça fait longtemps ?* suggère tout à coup sa mère en plein repas du soir, et quand elle était vraiment petite, elle croyait qu'ils lançaient des invitations comme on lance un ballon sur la plage, qui veut l'attraper ? les parents se demandent toujours qui ils pourraient inviter. Ils commencent par untel et choisissent d'autres untels qui pourraient bien aller ensemble. Il faut que les untels mettent le untel en valeur et vice versa.

— Bonne idée, ça fait longtemps qu'on ne les a pas eus.

On parle pendant plusieurs dîners de suite, relations professionnelles, relations de relations, ou relations, tout court. Elle apprend alors qu'untel se serait fâché avec un autre, qu'un autre untel serait parti trop à droite, ou qu'un autre encore serait trop à gauche.

— Pas de vague, surtout pas de vague, répète le père.

— Non, pas de vague, confirme la mère.

Une fois la liste des invités rédigée, vient le temps du plan de table.

— Ne pas oublier de séparer les couples, rappelle la mère.

Du haut de ses six, sept, huit, neuf ans, elle ne comprend pas. Pour elle, il faut au contraire laisser les maris et femmes l'un à côté de l'autre. Qu'ils puissent se tenir la main, se dire des choses à l'oreille, et s'embrasser, parce que si on est maris et femmes, on a tout le temps envie de s'embrasser.

Quand à la récréation, elle et son frère le plus proche lançaient à leur tour des invitations, *qui veut venir goûter ? qui veut venir ?*, avant tout, ils s'étaient mis d'accord sur le plan de table. Le jour du goûter, ils devaient, et ce n'était pas discutable, se retrouver à côté de celui ou de celle dont ils étaient amoureux.

Ils s'asseyaient, cérémonieux sur les chaises en Formica de la cuisine, la salle à manger étant réservée uniquement aux adultes, à côté de l'élu de leur cœur. Plat unique, carambars. À la fin du paquet, venait la cérémonie du mariage. Hosties pétillantes à la fraise ou au citron. L'hostie fondait dans la bouche. On se donnait la main. Et c'était tout.

Un jour, leurs parents se séparèrent. Avaient-ils lancé trop d'invitations à dîner ? Respecté trop à la lettre les plans de table ?

Une fois la place des invités déterminée, venait le temps du menu.

L'été, pour le dessert, leur mère préférait servir les fraises et les framboises du jardin, qu'elle et son frère le plus proche passaient des heures à ramasser. Ils en mangeaient autant qu'ils en récoltaient à ne plus avoir faim pour le repas du soir.

— Vous êtes malades ? s'inquiétait leur mère.

— Non...

— Alors, à table ! J'ai fait des poireaux vinaigrette.

Des poireaux vinaigrette ? Berk !

L'hiver, la mère préférait servir des tartes, des gâteaux au chocolat, dont elle s'empressa d'apprendre la recette à sa fille, dès que celle-ci fut assez grande pour cuisiner.

— Tu ne veux pas faire un gâteau pour tes frères ?

Enfants, quand il y avait des invités, ils finissaient les desserts dans la cuisine. Le lendemain, ils avaient mal au ventre.

À dix-huit ans, ils finissent les bouteilles d'alcool. Le lendemain, ils ont mal à la tête.

Le père a sorti le champagne. Il veut essayer une nouvelle adresse. Pour le vin, depuis des années, il reste fidèle au même château, qu'il met lui-même en bouteille dans le garage. Client fidèle. Salarié exemplaire. Famille modèle. Les valeurs du père.

Les invités se garent devant la maison. Les voitures laissent des traces sur les graviers. On prendra un râteau pour les effacer, ne jamais laisser de trace.

Dans le grand salon s'élèvent un brouhaha convenable, une odeur de cigarettes blondes et de cigare.

Le lendemain, on fait le bilan :

— Le gigot était délicieux.

— Le champagne, aussi.

— Oui, c'est une bonne adresse.

Il va en commander pour le mariage.

— Quel mariage ?

— Celui de votre frère.

— Quel frère ?

Le frère du milieu. Celui qui a été si malade quand il était petit.

Il va se marier ?

Tant mieux.

Le père de Brigitte R. propose une bière avant le repas.

— Oui, merci.

Elle a goûté une fois, chez un garçon, chez elle on ne boit pas de bière, elle avait trouvé ça aigre, dégoûtant.

Elle avait bu quelques gorgées, n'avait pas fini la bouteille, avait préféré les baisers du garçon.

— Blonde ou brune ? demande le père.

Elle dit brune. Blonde, ça fait bourgeois, les cigarettes, les cheveux. Déjà qu'elle est blonde.

— Assieds-toi.

Le père de Brigitte R. la tutoie. Chez elle, quand on ne connaît pas bien, on vouvoie.

Elle vouvoie sa mère. Connaît-elle sa mère ? Sa mère la connaît-elle ?

Elle a honte de la vouvoyer. Évite de lui parler devant les autres.

Quand sa mère vient la chercher au lycée, elle prend son temps avant de monter dans la voiture. Surveille que les copains soient partis loin.

— Qu'est-ce que tu fais ? Dépêche-toi, je suis mal garée.

— Oui.

— On ne dit pas oui, qu'est-ce qu'on dit ?

Elle claque la portière, attend que sa mère démarre :

— Excusez-moi, oui, maman.

La mère hausse les épaules, passe la deuxième. La boite de vitesses grince. Ça la fait rire.

— Ce n'est pas la peine de le répéter à ton père ?

— Mais non.

— Non qui ?

— Non, maman.

— Il dit que je ne sais pas conduire.

Elle passe la troisième, impeccable.

— Tu vois, il dit n'importe quoi.

Le père de Brigitte R. prend une bière. Aujourd'hui il peut, il commence à huit heures. Il est de nuit, une semaine sur deux.

— Je vais prendre une blonde pour changer.

Si elle avait su qu'ici on n'avait rien contre les blondes.

Le père de Brigitte R. aussi a un accent à couper au couteau. Ça chante très fort quand il parle. Pourtant, il n'a aucune envie de chanter, à part l'Internationale.

— L'internationale ?

Jamais entendu parler.

— Jamais ?

Eh bien, le père de Brigitte R. va lui en parler. Il tape du poing sur la table, parle du prix du pain, de la viande, de l'essence qui augmente chaque année. Et qui, là où ils habitent, pas vraiment la ville, pas vraiment la campagne, n'a pas besoin d'essence pour aller travailler ? À part le patron qui habite pas loin de l'usine, ah ça, lui, il n'a pas besoin d'essence avec sa belle villaaaa. Le *a* final traîne longtemps après le mot, avec autant d'arrogance, de flamboyance, que trône la maison du patron à côté de l'usine. Lui, le patron, il s'en fout bien du prix de l'essence. Et pourtant il a une voiture. Même deux. Une pour tous les jours, et une pour les vacances. Une pour lui et une pour sa femme. Deux belles voitures, bien grosses, bien noires. Le père de Brigitte R. tape de nouveau du poing. Les canettes de bières tremblent sur la table. Les brunes. Les blondes.

— Il faut prendre davantage aux riches. À ces salauds qui ne veulent rien partager.

Elle se tasse sur sa chaise. Elle fait sans doute partie de ces riches dont il parle. Ils ont une grande maison, une piscine, deux voitures, ils ne boivent pas de bière mais du champagne quand il y a des invités.

Le père de Brigitte R. se lève plein de fougue et de détermination, et, haut et fort, réclame une vie décente pour tous. Égalité !

Brigitte R. boit une gorgée, se lève à son tour. Égalité, fraternité !

Ils la regardent.

Attendent.

Alors, elle repousse sa chaise, se lève, déterminée, solidaire, entièrement solidaire. Égalité, fraternité, liberté !

Ils sont tous les trois debout autour de la table, appelant à une vie meilleure, sans soumis, sans asservis, une vie égale et bonne pour tous !

— Pour tous et pour toutes ! ajoute Brigitte R.

Tous et toutes ensemble, tous !

Tous et toutes ensemble, tous !

Elle repart de chez Brigitte R., transportée, sous le charme.

Aux prochaines élections, elle aussi votera communiste.

Au lycée, on leur a demandé de lire Zola, Maupassant, Balzac.

Elle a lu ce qu'on lui a demandé de lire, fait ce qu'on lui a demandé de faire. Que tout soit terminé au plus vite.

Brigitte R. aussi veut tout soit terminé au plus vite. Elle a lu, mais arrive en cours avec d'autres lectures qu'avant de s'asseoir elle sort ostensiblement de son sac.

Un sac rigide, en cuir clair. Une sacoche de facteur. Elle, aurait voulu le même, plutôt que ce sac à fleurs, gansé de cuir noir, que sa mère lui a acheté pour son entrée au lycée.

— Il te plaît ?

Il ne lui plaît pas. Dans la boutique, rien ne lui plaît, trop fleuri, trop gentil. Mais elle dit oui. Oui, maman. N'en dit pas plus, dans les magasins aussi, le vouvoiement lui fait honte.

Sa mère sourit, elle préfère. Quand on dit non, elle perd pied. Elle-même ne dit jamais non. Non, au président de la République. Non, à son mari. Non, aux courses. Non, à cette grande maison qu'il faut entretenir. Non, aux lessives. Non, au vouvoiement que ses parents lui ont transmis, et qu'elle transmet à son tour. Non, aux six enfants, et aux trois autres qui n'ont pas survécu, morts à peine sortis de son ventre. Ni même non, à cette fille, la dernière, si différente et qui veut faire du théâtre.

Elle ne dit jamais non, et n'a jamais appris à ses enfants à le dire.

Brigitte R. pose sa sacoche de facteur sur la chaise, elle en sort le deuxième tome du *Journal* d'Anaïs Nin, qu'elle recouvre du *Barrage contre le Pacifique* de Marguerite Duras. Elle les laisse en évidence sur la table.

La professeure ne relève pas. C'est une femme diaphane, à qui le vent d'autan donne des migraines insupportables.

— Restez tranquilles s'il vous plaît, j'ai affreusement mal à la tête aujourd'hui.

À cause du vent ? Vraiment ?

Ou à cause d'Anaïs Nin ? De Marguerite Duras ? Qu'elle aurait tant voulu étudier avec ses élèves. Impossible pour cause du programme. Maudit programme. Maudit vent d'autan.

Le cours terminé, elle annule les suivants, rentre chez elle. Lire Anaïs Nin ? Marguerite Duras ?

Brigitte R., les mains dans ses longs cheveux bruns, se plonge dans son livre.

Les autres filles s'approchent. Dans leur classe, il n'y a que deux garçons. Faire du latin et du grec n'a jamais servi à grand-chose pour devenir ingénieur, directeur, ou commercial dans une société de services après-vente. Autant laisser le latin et le grec aux filles.

Celles qui se sont approchées demandent, qu'est-ce que tu lis ? C'est qui ? C'est bien ?

— Bien sûr que c'est bien. Il faut lire Anaïs Nin et Marguerite Duras.

— Quoi ? Quel livre ?

Elle, ne pose aucune question, ne bouge pas de sa chaise. Ne lira ni Anaïs Nin, ni Marguerite Duras. Ne se fera pas comme les autres. Elle n'est pas comme les autres. Et puis, elle en a assez de toutes ces exigences, de tous ces *il faut*. Assez. Avec déjà ce qu'on lui demande au lycée, à la maison.

— Tu as fermé les volets ? Tu es allé chercher le pain, comme je te l'ai demandé ?

Elle a oublié.

A pensé à autre chose.

— À quoi ? Mais à quoi tu penses ?

Elle ne le dit pas. Ne l'a jamais dit à personne.

Pourtant, il arrive que ce à quoi elle pense prenne toute la place, toutes les forces dont elle a besoin pour travailler, se concentrer, ne pas oublier justement ce qu'on lui demande, un peu de cuisine, de ménage, de jardin. Dans une famille de six enfants, c'est normal, on aide.

— Mais qu'est-ce que tu as dans la tête ? Rien ? C'est ça, tu n'as rien ! Prends un panier, et va t'occuper des roses fanées, s'il te plaît.

Couper les roses.

Les mortes.

Couper ce qui ne pousse pas droit ou va de travers.

Avant ses dix ans, elles y allaient ensemble.

Quand le soir tombait, la mère avec ses sécateurs, la fille avec son panier en osier, accrochant leurs robes de mère et leur robe de fille aux épines des branches, elles se faufilaient ensemble entre les rosiers.

Maintenant qu'elle se débrouille. S'en occupe seule.

Elle a essayé plusieurs fois de couper ce qui n'a pas poussé droit. Elle l'expliquera à Brigitte R. D'autres roses fleuriront. Elle a tellement hâte.

On ne lui imposera plus rien, ni lecture, ni cuisine :

— Au lieu de traîner, tu ne veux pas faire un gâteau au chocolat pour tes frères ? Ça leur fera plaisir.

Les trois frères qui se suivent et font équipe sont en pension. On leur envoie du chocolat, des galettes, des gâteaux maison. L'aîné et le cadet sont en Bourgogne. Celui du milieu, qui a été si malade quand il était petit, la mère a préféré qu'il ne reste pas loin. On ne sait jamais. S'il retombait malade et gravement. Elle a eu bien assez de souci comme ça, a bien assez souffert, assez eu de deuils avec les trois bébés morts à peine sortis de son ventre. Elle l'a envoyé en banlieue toulousaine, juste à quelques kilomètres.

— Tu ne veux pas leur faire plaisir ?

*Plaisir ?*

Une sœur doit faire plaisir à ses frères.

C'est ça, que vous voulez me dire, maman ?

Elle fait un gâteau au chocolat.

Depuis qu'elle suit des cours de théâtre, le gâteau à peine sorti du four, et pour elle, il ne cuit jamais assez vite, elle court au fond du jardin. Dis-moi gros gras grand grain d'orge, quand te dégros-gras-grand-grain-d'orgeras-tu ?

Quatre jolis pins parasol.

Pas loin, des trous. Larges. Profonds. Suffisamment profonds pour envisager d'y disparaître, ou du moins de s'y abîmer.

Des arbres déracinés.

Les ombres envahissent le jardin, le soleil se couche. Plusieurs fois, elle pense courir en fermant les yeux, se jeter dans les trous, s'y casser le pied, la jambe, le bassin, qu'on s'aperçoive enfin de tout ce qu'il y a déjà de fichu, broyé, chez elle.

Chaque fois, elle s'arrête au bord.

La peur.

Et en même temps l'espoir, la certitude d'une vie à venir meilleure. Gros gras grand grain d'orge, quand te dégros-gras-grand-grain-d'orgeras-tu ?

L'envie.

L'impatience.

Elle travaille son articulation.

Je me dégros-gras-grand-grain-d'orgerai, quand tous les gros gras grands grains d'orge se seront dégros-gras-grand-grain-d'orgés.

Travaille à perdre son accent.

S'applique à dire les mots comme il faut.

Ne pas ouvrir le *o* de chose :

La chôôôse.

Ne pas fermer le *é* de volet :

Volaiaiaiaiai.

Ne pas confondre voler et volet.

Il fait sombre dans les chambres d'enfant pendant les siestes dans le Sud-Ouest, sombre, dans le garage quand on va chercher les vélos pour aller faire une promenade avec les autres qui ne voient rien, pourquoi ne voient-ils jamais rien ? sombre dans les coins, sous les ponts, derrière les buissons, quand on joue à cache-cache.

La première fois les volets étaient fermés.

Ne pas confondre voler et volet.

Ne pas traîner en chantant sur les *in* de impossible, les *on* de interdiction.

Au mot enfance, il y a deux *en*. Les garder intacts, corrects.

Ne pas chanter. Ce n'est pas gai. Pas drôle.

Pas drôle du tout.

Au fond du jardin, elle répète dix fois, cent fois, le même vers de Racine, de Baudelaire, la même phrase de Claudel.

Elle sort du lycée, on est samedi, dimanche, ce sont les vacances, petites ou grandes, Pâques, Noël, elle passe des après-midi entiers au fond du jardin :

*Objet infortuné des vengeances célestes,*
*Je m'abhorre encor plus que tu ne me détestes.*

Un jour, dans ses phrases, il n'y aura plus rien des briques roses, plus rien de la place Esquirol, plus rien du pont neuf écorné au-dessus de la Garonne, plus rien de ses siestes d'enfant derrière les volets fermés.

Encore quelques mètres sur l'éblouissante place du Capitole, et elle dira tout à Brigitte R.

Brigitte R. est arrivée avant elle. Elle s'est assise près de la fenêtre pour lire. Elle souligne une phrase au stylo bille. Pas au crayon à papier comme on le leur recommande au lycée. Ne pas abîmer le livre. Le laisser intact. Pas de trace. Qu'il passe de mains en mains, vierge. Brigitte R. se fiche des recommandations des professeurs, se fiche qu'on puisse voir ce qu'elle aime, se fiche d'abîmer le livre, elle ne le donnera jamais. Et ce qui l'intéresse aujourd'hui, l'intéressera toujours, pense-t-elle.

— Salut.

Brigitte R. lève la tête :

— Salut. Écoute ça : *Ce que je préfère chez moi, c'est mon audace, mon courage. La manière dont je reste fidèle à moi-même sans trop blesser les gens et leur nuire. Journal* d'Anaïs Nin, tome 2. C'est pas beau, ça ?

— Si.

Brigitte R. corne la page. Ne pas corner le livre, lui a-t-on pourtant recommandé. Elle le ferme, le pousse un peu plus loin sur la table, pas trop loin quand même, qu'elle l'ait toujours sous les yeux.

— Tu vois, quand je dis qu'il faut lire Anaïs Nin, tu peux me faire confiance.

— Je te fais confiance, la preuve, je t'ai donné rendez-vous.

— C'est vrai. Alors ?

Elle s'assied en face de Brigitte R., appelle le garçon, qu'il vienne, et vite, elle a hâte de dire la chose, d'être enfin débarrassée. Le garçon arrive, pas trop pressé quand même, ho, hé, on n'est pas à Paris ici, on a le temps.

Elle, justement, elle ne l'a pas le temps, elle commande deux cafés.

— Un café ça te va ?

— Oui, bien sûr.

Elle attend maintenant que le garçon les ait servies. Elle ne veut pas qu'il entende.

Elle se tourne vers le bar. Il actionne la machine à café, ça ne devrait pas tarder. Debout, au comptoir, pas très stable sur ses deux jambes, un homme fixe son demi dans son verre, espérant que la solitude et les heures veuillent bien passer. S'en aller. Loin.

Le serveur dépose les cafés sur la table :

— Deux serrés pour deux pressées.

Il part en s'esclaffant dans le blanc pas très propre de sa chemise. Elle est bien bonne celle-là, il est content de l'avoir sortie.

Le serveur est loin, elle dit la chose sans traîner.

Des années plus tard, il lui faudra des heures avant de pouvoir la dire.

Des heures, en tête à tête, avec une amie, un amant, au restaurant.

Des heures, lundi après lundi, allongée sur un divan.

Des heures, sur une chaise grise et froide, dans un commissariat.

Brigitte R. prend la chose très au sérieux.

— Tu devrais lui parler.

— Je l'ai déjà fait. Il a commencé par faire semblant de ne pas trop se souvenir. Je lui ai dit que, moi, je me souvenais très bien, qu'il fallait faire quelque chose.

— Quoi ?

— Je ne sais pas. Mais quelque chose.

— Qu'est-ce qu'il a répondu ?

— Qu'il y avait beaucoup plus grave.

— Beaucoup plus grave ?

— Comme ce qui venait de lui arriver. Parce que maintenant sa vie était fichue.

— Comment ça, fichue ?

— Sa femme l'a quitté, le jour de son mariage.

À la mairie, à peine ont-ils dit oui, qu'elle s'est retournée vers ses parents, sa nouvelle belle famille, ses amis, a enlevé ses chaussures, des talons hauts, trop hauts, on aurait dû s'en douter quand, grimaçante, elle était entrée dans la salle des mariages au bras de son père, et elle a couru vers la porte.

Devant la mairie une moto l'attendait. Elle est montée. La moto a démarré.

On a retrouvé son voile blanc sur le trottoir.

— C'était qui sur la moto ?

— On ne sait pas. Personne ne sait.

Brigitte R. éclate de rire.

Pas elle :

— C'est pas drôle.

On retrouva le frère du milieu évanoui dans un champ, la chemise ouverte, le torse et le visage rouge écarlate, brulés. Il avait regardé dans le Vidal, avait avalé tout ce que le dictionnaire médical contre-indiquait d'ingurgiter en même temps. Il avait laissé une lettre à sa femme, qui ne le serait plus, il ne pouvait s'y résoudre, précisant ce qu'il avait absorbé, et l'endroit où il allait finir ses jours si elle ne venait pas le chercher. Elle en profita pour prendre ses cliques et ses claques, et le quitter définitivement. Avant, elle prévint les pompiers, et la mère de son dorénavant futur ex-mari, qui arrivèrent dare-dare. Les premiers, toutes sirènes dehors, la deuxième pleurant toutes les larmes de son corps. Comment n'avait-elle su protéger ce fils si malade quand il était petit, qui avait déjà failli mourir ? Elle savait bien pourtant qu'il fallait le défendre contre tout, les peines, les complications, les ennuis.

Il passa deux jours à l'hôpital.

Des deux côtés des jeunes mariés qui ne l'étaient plus, on compatissait, s'émouvait beaucoup. Y compris les deux autres frères, pourtant habituellement rétifs aux émotions. Quand, pour les vacances, on les lâchait de pension, une pension stricte et militaire au milieu de châteaux bourguignons, ils sortaient pressés et fringants comme des chiens de chenil tenus en cage trop longtemps, et pour se détendre, chassaient, armés de cailloux et de branches, le gros chat roux de la maison, Sergent Garcia, surnommé ainsi à cause de son penchant pour le trop de nourriture. Une fois Sergent Garcia attrapé, ils lui attachaient un masque noir autour des yeux, le regardaient tituber entre les massifs de millepertuis, et en concluaient, morts de rire, que dans la vie chacun son rôle, chacun sa place, n'est pas Zorro qui veut. Pour élargir leur spectre scientifique, les deux frères étaient de véritables matheux et physiciens, pas le genre à faire du latin et du grec, ils capturaient des mulots, les faisaient boire, et observaient avec toujours autant d'acuité les effets de l'alcool sur cette espèce animale. Pour aider la nature à se réguler, ils faisaient partie de ceux persuadés que seule la main de l'homme est en droit de le faire, ils montaient sur le toit, débusquaient les moineaux sous les tuiles, leur tordaient le cou à main nue, et les faisaient cuire en brochettes au barbecue. Au moins quelques dizaines de moineaux, trop nombreux à leur goût, ne se reproduiraient plus.

Même les deux frères, chasseurs, adolescents sans cœur, plaignaient le marié qui, en un jour, et quel jour, ne l'était plus.

— Le pauvre, disaient-ils.

Et si les deux frères, après avoir réglé leur compte à Sergent Garcia, aux mulots, aux moineaux ne fomentaient en secret quelque sombre vengeance ? L'ex-future mariée finirait-elle en morceaux au barbecue ? Ou un entonnoir coincé au fond du gosier, sommée d'engloutir bouteille de vodka sur bouteille de vodka ? Ou bien condamnée à se montrer en public, un masque noir lui couvrant la moitié du visage ?

Elle, en petite sœur exemplaire, suivait le cours des émotions familiales.

— Le pauvre, disait-elle, aussi.

Le pauvre, se dira-t-elle longtemps.

— Il n'a rien ajouté ?

— Non.

En fait, si, mais elle a honte et ne le dit pas.

Il a pris sa main, il a souri, elle a détesté ce sourire, suave, dégoulinant :

— C'est parce qu'on s'aime bien. Non ? Entre frère et sœur, c'est normal. C'est même une chance.

Elle a retiré sa main, n'a pas répondu. Que pouvait-elle répondre ? Qu'elle ne l'aimait pas bien ? Ne l'aimait pas du tout ? On ne dit pas à son frère qu'on ne l'aime pas. Surtout s'il a failli mourir quand il était petit. Et on ne rajoute pas de la peine à la peine. Des ennuis aux ennuis. Ça ne se fait pas.

Brigitte R. roule une cigarette. Réfléchit. Cherche une solution. Autour d'elle. Dans la salle. Au comptoir. L'homme tangue toujours devant son demi. Toutes ces années crasseuses et grises qu'il a sur le dos. Hors de questions de finir en tanguant d'un pied sur l'autre devant un verre. Elle sait que ça pourrait arriver. L'alcool. La drogue. Les médicaments.

Brigitte R. tend la cigarette qu'elle vient de rouler.

Elle, la prend. L'allume, même si c'est comme avec la bière, au début, elle trouve ça âcre, dégoûtant. La nausée. Après, elle s'habitue. Comme avec la chose. Elle s'est habituée, a vécu avec. Pourtant, quand les souvenirs reviennent, c'est âcre, dégoûtant. À vomir. Mourir.

Elle n'est jamais morte, n'a jamais vomi, ou même rapporté. Tu ne rapportes pas ? lui faisait-il promettre, aux parents bien sûr, mais aussi aux autres frères, à sa sœur, à un oncle, une tante.

— C'est un secret, entre toi et moi.

Elle promettait.

Elle n'a jamais été non plus gravement malade, ni mutique ou paralysée, à ne pas pouvoir se lever le matin. Son corps n'a pas grossi ou maigri exagérément. Elle ne s'est pas non plus jetée dans les trous larges et profonds du jardin pour en finir une bonne fois pour toute, ou du moins, se briser les os.

Elle a été normale. Plus normale encore que la normale. À l'école, au lycée, une élève sérieuse, à la maison une enfant agréable, serviable. Elle s'est même trouvé une passion, le théâtre.

Brigitte R. avale une bouffée de cigarette, semble ne pas être dérangée par le âcre, le dégoûtant. Au contraire, elle sourit. Elle vient de trouver la solution.

— Tu devrais lire un livre.

— Un livre ?

— Oui, de Marguerite Duras.

Marguerite Duras ? Encore.

— Je crois vraiment que ça peut t'aider.

Elles auraient dix-huit ans aujourd'hui, Brigitte R. se lèverait, la prendrait par le bras, viens avec moi, je t'accompagne, et elles iraient ensemble au commissariat. Au lieu de ça, elle lui parle d'un livre.

— *Agatha*. Lis-le, tu verras.

La solution trouvée, elles passent à autre chose. Parlent du bac, des épreuves de philo, et de l'année qui va suivre, hypokhâgne pour Brigitte R., et une grande école de théâtre pour elle.

Elles s'y voient déjà.

Elle achète *Agatha* sitôt après avoir quitté Brigitte R.

Le lit, sitôt après l'avoir acheté.

D'une traite.

Elle le ferme, ne sait pas trop si ce qu'elle a lu est bien ce qui est écrit.

Le relit.

Retrouve ce qu'elle a lu.

C'est le choc.

Brigitte R. avait raison. *Agatha* est la solution.

Avec *Agatha*, la chose peut exister. Elle a un sens. Le sens de l'amour. L'amour absolu. Inaltérable, parce que familial. Révolutionnaire, parce que au-delà des interdits. Mystique. Politique.

La chose devient pure.

Elle est enfin débarrassée.

Croit-elle.

Elle ne partage pas sa lecture d'*Agatha* avec Brigitte R. Et si elles n'en avaient pas la même interprétation ?

Elle ne la partage pas non plus avec son frère le plus proche. Elle ne lui parlera jamais de la chose. On lui demandera par la suite, mais lui, il savait ? Comme s'il fallait absolument, parce qu'ils étaient si proches, qu'ils partagent tout, y compris l'horreur. Elle préférait partager avec lui les mûres dans les ronces, les figues, haut très haut dans le figuier, le soleil, la mer, l'été.

Elle ne partage pas non plus *Agatha* avec le frère du milieu. Elle se méfie. Il serait capable d'en élaborer une théorie. De recommencer. Avec d'autres. Il est remarié, il a deux enfants.

Elle ne parle d'*Agatha* à personne. Se la garde par-devers elle, comme disait la dame seule et poudrée qui attendait, toute la journée à la fenêtre, son mari et son fils, ses trésors, à elle rien qu'à elle.

— Je me les garde par-devers moi.

*Agatha* est un livre très court. Ni encombrant, ni lourd. Il tient dans la poche des manteaux, l'hiver, des vestes légères, l'été. Elle l'emporte partout. L'ouvre entre deux cours de latin ou de grec, dans le bus, place Esquirrol, tout le monde descend, dans la rue, le matin, avant d'arriver au lycée, et ne baisse plus la tête devant les sanguinolentes carcasses que portent les hommes en tabliers blancs, l'ouvre le soir quand, le dîner terminé, sa mère essuyant la vaisselle, se lamente sur les mésaventures conjugales du frère du milieu.

Elle l'emporte au fond du jardin, gros gras grand grain d'orge, quand te dégros-gras-grand-grain-d'orgeras-tu ?, le lit à voix haute :

*C'était un été admirable. Le souvenir en est plus fort que nous qui le portons… Que vous, que vous et moi ensemble devant lui… C'était un été plus fort que nous, plus fort que notre force, que nous, plus bleu que toi, plus avant que notre beauté, que mon corps, plus doux que cette peau sur la mienne sous le soleil, que cette bouche que je ne connais pas.*

Elle n'a plus aucune raison de vouloir se jeter dans les trous larges et profonds.

Elle peut regarder le soleil en face, lever haut les bras.

Un samedi après-midi, elle n'a pas encore parlé à Brigitte R., n'a pas encore lu *Agatha*, elle travaille *Phèdre*, acte II scène 5, avec son professeur de théâtre. Phèdre, fille de Minos et de Pasiphaé, petite-fille d'Hélios, dieu du soleil. Son professeur l'écoute, concentré, attentif. C'est lui qui exige d'elle qu'elle apprenne à fermer les *é* et les *o* quand il faut, à respecter les *en* d'enfance. Un jour, il lui a dit que jouer la comédie, c'était chercher à retrouver l'enfance. Faire comme si. Y croire dur comme fer. On joue aux gendarmes et aux voleurs ? Pan t'es mort. L'enfant tire avec quelquefois juste un majeur et un index, pointés, persuadé que l'autre va mourir. Et celui sur lequel il a tiré est persuadé qu'il meurt dans d'atroces souffrances, étendu raide sur le tapis de sa chambre au milieu des rails de son train électrique. Il se relève une minute plus tard, pas content et râleur, c'est pas du jeu, c'est toujours moi qui dois mourir.

Elle, n'osa pas dire à son professeur que son enfance, elle la fuyait comme la peste.

*Les Dieux m'en sont témoins, ces Dieux qui dans mon flanc*

*Ont allumé le feu fatal à tout mon sang.*

Le professeur l'interrompt.

— Maintenant, vous levez les bras.

Elle ne bouge pas.

— Vous invoquez votre grand-père, Hélios, dieu du soleil, vous levez les bras.

Sauf qu'elle ne peut pas.

Il insiste.

Elle est désolée, elle ne peut vraiment pas.

— Vous avez mal quelque part ?

— Non.

Quoique.

— Alors, allez-y. Si pas les deux, au moins un.

Un non plus, elle ne peut pas.

Ce n'est pas une question de nombre. C'est son corps qui ne veut pas.

Le professeur n'insiste plus.

— On verra ça la semaine prochaine.

Le samedi suivant, il apporte un grand miroir, trouvé dans une salle voisine.

— Mettez-vous devant.

Elle se met devant, garde les yeux rivés au sol.

— Je ne l'ai pas apporté pour que vous regardiez par terre, mais pour que vous vous regardiez, vous. Allez-y.

Elle relève la tête, regarde son visage, ses longs cheveux blonds.

— Les bras, les jambes, le ventre, tout votre corps.

Le corps, elle ne peut pas.

Elle regarde à nouveau par terre.
Il vient se mettre à côté d'elle.
Ils restent tous les deux, en silence, devant le miroir.
Il lui demande de reprendre *Phèdre*.
— Comme si vous aviez dix ans.
— Pas dix !
C'est sorti tout seul. Un cri.
— Huit ? Vous préférez ?
Huit, ça va encore.
— Maintenant, vous vous regardez.
Elle a huit ans, ose regarder son corps dans le miroir.
— Vous êtes Phèdre. Dites le texte.
*Les Dieux m'en sont témoins, ces Dieux qui dans mon flanc*
*Ont allumé le feu fatal à tout mon sang.*
— Levez les bras.
— Je ne peux pas.
— On va le faire ensemble. On dit que je suis Phèdre, aussi.
Elle le croit, il est Phèdre, aussi.
— Faites comme moi.
Il lève le bras gauche, elle lève le bras gauche.
Il lève le bras droit, elle lève le bras droit.
Il s'avance, elle s'avance. Se penche, elle se penche.
Il l'aide comme il peut. Soupçonne-t-il ?
Son corps se met en mouvement, ce corps qu'elle a voulu faire disparaître dans les trous du jardin. Qu'il n'existe plus. Qu'il n'ait jamais existé. Si elle n'avait pas eu ce corps peut-être que rien ne serait arrivé ?
Le cours se termine.
— Vous voyez, vous pouvez y arriver.

Combien de samedi et de samedi encore, avant qu'elle puisse enfin lever seule les bras vers le dieu Hélios ?

Avec *Agatha*, plus besoin de miroir, plus de corps à bannir.

Brigitte R. et elle se sont retrouvées place du Capitole. Elles avaient décidé de se serrer les coudes une dernière fois, d'aller ensemble au lycée voir les résultats.

Autour d'elles, c'est la cohue. On cherche son nom dans la liste affichée au mur de l'entrée. On hurle de joie, le lycée c'est fini, ou bien, seul dans son coin, c'est les larmes et l'angoisse, comment je vais le dire à mon père ? À ma mère ? Qui, tous les jours depuis un an, le matin au petit déjeuner, le soir au dîner, n'ont pas arrêté de me répéter, j'espère, mais j'espère bien que tu vas l'avoir, ce bac.

Brigitte R. trouve son nom dans la liste. Mention très bien.

Elle aussi trouve le sien, mention bien.

Cris de joie, elles sont libres, libres, libres ! À elles maintenant ce qu'elles se sont souhaité, promis.

Rien que les livres pour l'une, rien que le théâtre pour l'autre, et Paris.

Quand il apprend ses résultats, sa mention bien surtout, son père la prend dans ses bras, les yeux humides de contentement, pour lui les études c'est important, même les études de lettres, il a eu son bacho comme il dit, avec dix-neuf de moyenne et les félicitations du jury. Il la serre fort, lui donne de grandes tapes dans le dos, comme si elle avait avalé un noyau de pêche, et que risquant l'étouffement, il faille urgemment la sauver.

À côté, dans la cuisine, occupée à préparer un gratin, quel meilleur accompagnement pour un gigot ? sa mère ne dit rien. Reconnaît-elle cette fille qui grandit sans lui ressembler ? Qui ne se mariera pas à dix-neuf ans, n'aura pas d'enfant à vingt et un, et ne sera pas laissée inconsolée quand elle en aura perdu trois.

Elle épluche une gousse d'ail, puis une deuxième, essentiel dans le gratin, on est dans le Sud-Ouest, pas loin des terres gasconnes, elle n'a pas plus d'avis sur la mention bien que sur la passion du théâtre.

Pour s'assurer que la passion est sérieuse, le père a invité le professeur de théâtre à déjeuner. Ils n'ont lancé aucune autre invitation. Pas d'autre convive. Seulement les parents et lui. Le professeur confirma le sérieux de la passion. Le père mit toutefois une condition, il fallait que sa fille ait le bac. La mère, elle, n'en donna aucune.

Une fois la formalité du baccalauréat passée, s'ensuivit l'autorisation de quitter la maison et partir à Paris.

Puis on établit le calendrier et le plan de l'année.

La date de départ : le 1er septembre.

Le but : réussir les concours d'entrée à l'une des deux grandes écoles, la Rue Blanche ou le Conservatoire national supérieur. Du moment qu'elles étaient grandes, nationales et publiques, le père approuvait.

L'adresse : une chambre de bonne dans le seizième arrondissement.

Les conditions : un peu d'argent. Point trop n'en faut. Dans la famille, on ne gâte pas les enfants. Dans gâter, on entend pourrir, comme les fruits qui restent trop longtemps dans leur cagette. Il n'est jamais venu à l'idée du père ou de la mère que les enfants puissent pourrir d'autre chose que de trop de cadeaux ou de trop d'argent.

Avant Paris, restent encore deux longs mois de vacances. *Agatha* la suit partout. Sur les bords du fleuve, même si ce n'est pas la Loire, mais la Garonne. Devant la mer, même si ce n'est pas l'Atlantique, mais la Méditerranée.

Elles ne se quittent pas de l'été, cet été, qui met tant de temps à passer.

Septembre, enfin.

Dans l'aéroport, la valise en cuir marron, énorme, qu'elle porte à deux mains. Deux jeans, des tee-shirts, un manteau, il fait si froid, dit-on, à Paris, des livres, beaucoup de poésies, la petite coupe en cuivre que lui a donnée son frère le plus proche pour qu'elle ne l'oublie pas. Comment l'oublier ? Il promet de venir la voir le plus vite possible. En bandoulière, la sacoche de facteur, achetée tout spécialement pour Paris.

— C'est nécessaire ? avait demandé la mère, plus que sceptique et navrée.

Elle préférait les petites fleurs et les sacs en cuir gansés.

— Oui, avait-elle répondu d'un ton ferme et sans appel.

À l'intérieur de la sacoche, *Agatha*.

Porte Maillot, rue Pergolèse, l'escalier de service, sept étages, la chambre de bonne.

Elle écrit les dates des auditions pour les concours au stylo feutre sur les murs en papier peint.

Elle a hâte.

Elle ne connaît personne à Paris, ni dans le milieu du théâtre, ni dans celui du cinéma. Un ami de son père lui a proposé de lui faire rencontrer un acteur de la Comédie-Française. Elle a dit oui tout de suite. Rencontrer quelqu'un qui passe sa vie à faire du théâtre, qui le respire comme elle voudrait le respirer, s'entendre avec lui sur Racine, Hugo, Camus, Cocteau, sur son interprétation d'Hermione, du Sphinx, de Phèdre, qu'elle a passée ses journées de juillet et d'août à peaufiner, hauts les bras vers le ciel, elle a dit oui, évidemment.

— Entrez.

Il la reçoit dans sa loge.

— Bonjour monsieur.

— Bonjour, mon petit.

Elle n'est pourtant pas si petite. Plutôt grande, même.

Il la regarde à peine. Ne quitte pas son siège. Reste assis dans la pénombre. Des bougies, un énorme bouquet de lys blancs, un canapé en velours rouge. Sur un guéridon, des papiers, des lettres qu'elle imagine enflammées, vous et votre talent, vous et votre Ruy Blas. L'acteur joue la pièce de Hugo depuis plusieurs mois à la salle Richelieu.

Un jour, elle aussi jouera Ruy Blas. Combien de fois a-t-elle fait irruption dans la chambre de son frère le plus proche, sautant sur son lit, le prenant à témoin :

*Bon appétit ! messieurs !*
*Ô ministres intègres !*
*Conseillers vertueux ! Voilà votre façon*
*De servir, serviteurs qui pillez la maison !*
*Donc vous n'avez pas honte...*

Un jour, elle aussi dénoncera sur scène les lâches, les agresseurs, les profiteurs.

Passons.

Dans son fauteuil, légèrement agacé, l'acteur bougonne. Il serait bien que cette jeune provinciale commence par apprendre qu'un acteur déteste qu'on lui vole son rôle.

Le temps qu'il l'interprète, le rôle n'est qu'à lui. Quand les représentations seront terminées, peut-être sera-t-il à d'autres ? Et encore. C'est à voir. Les autres s'en empareront-ils avec autant de finesse, d'émotion, de fantaisie, d'humour ? Parce que lui a su trouver l'humour du personnage. Le comprendront-ils comme lui l'a compris ?

— Alors ? Qu'est-ce que vous avez à me présenter ?

Il n'a pas beaucoup de temps, même s'il est au théâtre depuis plusieurs heures déjà. Il arrive toujours tôt. Quel que soit le rôle. Il y a ceux qui, comme lui, arrivent des heures et des heures à l'avance, et ceux qui montent sur scène au dernier moment, presque essoufflés d'avoir failli rater le lever de rideau. Ceux qui, pour jouer l'essoufflement justement, font trois fois le tour du stade, et ceux qui se contentent de le jouer. De faire comme si. Connaît-elle cette anecdote, extrêmement célèbre, entre

Dustin Hoffman et Laurence Olivier, sur le plateau de *Marathon Man* ?

Non. Elle ne la connaît pas, ne connaît d'ailleurs ni l'un ni l'autre.

L'acteur de la Comédie-Française soupire, un brin consterné, il va la lui raconter.

Pour paraître essoufflé Dustin Hoffman, formé à l'Actors Studio, l'Actors Studio non plus, elle ne connaît pas, décidément, elle en a des choses à apprendre, la jeune provinciale, fait plusieurs fois le tour du stade. Il revient livide et épuisé. Laurence Olivier attend, impassible, sur le set. Le set non plus elle ne connaît pas, elle a fait du latin et du grec. L'acteur, cette fois, ne cache pas sa consternation, mais poursuit :

— Le set, le plateau de cinéma. Quand Laurence Olivier voit Dustin Hoffman arriver, il dit cette phrase extraordinaire.

Là, l'acteur prend un temps. Le temps de l'effet. L'effet de la grande leçon de théâtre, donnée par un grand acteur shakespearien, Laurence Olivier, transmise à son tour outre-Manche par un tout aussi grand acteur, sociétaire de la Comédie-Française :

— *Et si vous vous contentiez de jouer ?*

Silence recueilli, après la leçon de théâtre.

Ça ne lui dit vraiment rien ?

Non.

Et après ça, elle veut faire du théâtre ? Mais passons à nouveau.

— Alors ces scènes ? Qu'est-ce que vous avez ?

— Phèdre.

Stupéfaction, indignation. L'acteur de la Comédie-Française a même failli s'étrangler avec le bonbon au miel qu'il tourne et retourne dans sa bouche. Pour la voix. Efficace. Il recommande. Comme le petit verre de bordeaux avant d'entrer en scène.

Une si jeune, si blonde, si diaphane, s'attaquer à un personnage pareil.

— Vous n'avez pas peur.

Non, elle n'a pas peur. Ni de Phèdre, ni de Ruy Blas, ni de l'acteur, ni de la Comédie-Française, ni du Conservatoire, ni de la Rue Blanche. Pourquoi aurait-elle peur ?

— Enfin, allez-y. Je vous écoute.

L'acteur ferme les yeux, se concentre. Le théâtre, c'est sérieux.

*Voilà mon cœur. C'est là que ta main doit frapper.*
*Impatient déjà d'expier son offense,*
*Au-devant de ton bras, je le sens qui s'avance.*
*Frappe.*

Il l'interrompt. Il en a entendu assez. Assez pour ses oreilles. Assez pour le théâtre. Assez pour se faire une idée.

— Vous ne serez jamais reçue ni au Conservatoire, ni à la Rue Blanche. Vous avez quel âge ?

— Dix-huit ans.

— Commencez par prendre des cours dans une école privée, et puis vous verrez si c'est pour vous.

Mais c'est déjà tout vu, elle sait que c'est pour elle, le théâtre. Les chapiteaux, les roulottes. Vivre, jouer, tous les jours ensemble. Tous ensemble, tous ensemble ! En famille. Une nouvelle famille. Aller de ville en ville faire entendre Racine, Hugo, Claudel, dénoncer, aimer, mourir, mourir autant de fois qu'il y a de représentations, tout ça, c'est fait pour elle.

L'acteur plonge sa main dans une boîte en nacre blanche, achetée tout exprès pour ses cartes de visite. Après les représentations, il arrive qu'une admiratrice ou un admirateur frappe à la porte de sa loge, lui demande un autographe. Alors, le plus modestement du monde, en peignoir de soie noire, il signe tout ce qu'on lui demande de signer, photos, programmes, cartes de visite, que du coup, il a toujours sous la main.

Il note un nom et une adresse.

— C'est un très bon cours privé, dites que vous venez de ma part, vous serez bien reçue.

Sauf que son père a été très clair, pas question de cours privé. C'est le public, ou retour à la case départ, au Sud-Ouest et à son vent d'autan. Le père ne conçoit les études, scientifiques aussi bien qu'artistiques, qu'au sein seul des institutions publiques. Le privé, ça sent la boîte à fric, la lie des derniers de classe, des sans-talent.

L'acteur tend la carte, c'est vraiment tout ce qu'il peut faire. Et bien sûr aussi lui proposer une invitation pour *Ruy Blas*, sous-entendu, vous allez voir mon petit ce que c'est qu'un acteur, ce que c'est que le théâtre.

Il l'invite maintenant à quitter sa loge. L'heure tourne, la représentation approche.

Trois jours plus tard, elle passe les concours.

Réussit le premier tour du Conservatoire, puis celui de la Rue Blanche.

Au second tour, quand on lui demande ce qu'elle a choisi comme scène libre, elle répond *Phèdre*, acte II scène 5.

Le jour des résultats ressemble à celui des résultats du bac. Même attroupement bruyant devant la liste affichée à la porte d'entrée, mais beaucoup moins d'élus, vingt candidats pour près de deux mille. On hurle de joie ou on s'effondre en larmes, sauf que cette fois, on ne tremble pas d'angoisse, mais de rage : en plus les parents seront contents, le théâtre, ils étaient contre.

Elle trouve son nom sur la liste. Elle voudrait crier, sauter, sauf qu'elle n'a personne avec qui partager cette joie immense. Cette joie si grande.

Elle s'éloigne. Descend seule la Rue Blanche.

— Mademoiselle !

Elle se retourne. Un homme court derrière elle, la rattrape.

Un air sombre, une voix grave, mais un sourire clair dès qu'il parle : Pierre T., membre du jury et professeur.

— Jamais je n'ai vu une jeune actrice interpréter Phèdre de cette façon. Je vous prends dans ma classe, si vous êtes d'accord.

Elle pense à l'acteur de la Comédie-Française, sourit.

— Je suis d'accord.

Quand son père apprend la nouvelle, il la serre dans ses bras avec toujours la même vigueur, et toujours cette suspicion de noyau de pêche qu'elle aurait avalé. Il lui donne de grandes tapes dans le dos. Il est fier. Tellement fier. Mais qu'elle comprenne bien, il n'aurait pas voulu moins. À vingt ans, il avait intégré la plus grande école scientifique, sa progéniture se devait à son tour d'intégrer ce qui se fait de mieux, l'une des plus grandes écoles d'art dramatique.

Deux semaines plus tard, éblouie, timide, mais heureuse, tellement heureuse, elle pousse la porte d'entrée de l'hôtel Choudens, un hôtel particulier, au 21, rue Blanche, une lourde porte en verre ornée de fer forgée, la porte de l'École des arts et des techniques du théâtre, l'école de la Rue Blanche.

Dans le hall, un garçon, le visage déjà chiffonné pour son âge, une veste de costume noire et un pantalon trop court, le chapeau de travers, jongle. Elle le regarde, fascinée.

— Tu pourrais m'apprendre ?

Le lendemain, il lui apporte des balles, et lui apprend.

Un escalier, vaste, monte au premier étage. Ils se croisent, les anciens, les nouveaux. On dirait qu'ils se connaissent tous déjà, ils ont travaillé ensemble dans une école privée ou dans un conservatoire d'arrondissement, qu'elle est seule à ne connaître personne. Elle s'en fiche, le vaste escalier mène à son rêve, au théâtre.

On lui dit bonjour, une fille rousse, belle, élégante dans son tailleur gris, des yeux, on dirait des perles. À côté d'elle, un garçon grand, mince, brun, un sourire, on dirait le bonheur.

— Tu es avec quel prof ?

Le même que le leur, Pierre T. Ils deviendront ses amis. C'était hier.

Elle s'inscrit à tous les cours, comédie, tragédie, dramaturgie, histoire du théâtre, escrime, clown, danse. Le matin, elle arrive avec les premiers, le soir, part avec les derniers. Elle est disponible pour tout, une répétition, être la réplique de l'un ou de l'autre, apprendre une chanson en allemand, en anglais, ou une chorégraphie à l'autre bout de Paris. Pas un jour elle n'oublie que l'année d'avant c'était le lycée, qu'elle n'avait qu'un rêve, et que ce rêve s'est réalisé.

Dès qu'elle peut, elle va au théâtre. Découvre des auteurs, des actrices, des acteurs, des metteurs en scène, des lieux depuis longtemps dédiés au théâtre, d'autres que l'on crée, d'autres encore que l'on détourne, comme ces anciennes usines. Elle découvre, stupéfaite, qu'il y a deux théâtres, elle qui croyait qu'il n'y en avait qu'un seul, celui de ses rêves, de son cœur. Le privé et le subventionné. Le drôle et le pas drôle. Elle apprend, désolée, qu'il vaudrait mieux choisir, que les deux ne s'estiment guère. Elle fait comme la plupart des autres dans l'école, elle choisit le sérieux. Le sérieux fait toujours plus sérieux.

Plus tard, elle se permettra d'aller de l'un à l'autre.

Un mois est passé. Fin de matinée, fin de cours d'interprétation. Pierre T., qui en a joué des pièces, en a connu des autrices, des auteurs, des actrices, des acteurs, demande :

— Est-ce qu'il y en aurait un ou une qui voudrait travailler un texte en particulier ?

Elle ne réfléchit pas, pas besoin de réfléchir, c'est une évidence :

— Oui, moi. *Agatha* de Marguerite Duras.

Ce lundi-là, les clés de voiture de Pierre T. teintent plus bruyamment que les lundis précédents.

À la fin de chaque cours, Pierre T. sort ses clés de voiture de la banane qu'il porte autour de la taille, resserrant un pantalon en cuir noir, assorti à un blouson en cuir, tout aussi noir, et les fait teinter, le cours est terminé, à lundi prochain, apprenez vos textes, lisez du théâtre, mais aussi de la poésie, des romans, allez au spectacle, au cinéma, au musée, et travaillez, travaillez. Il est pressé, une répétition l'attend au théâtre de l'Athénée.

Ce jour-là, il ne part pas tout de suite, il demande :

— Est-ce que tout le monde connaît Duras ?

Dans la classe, on connaît. Plus ou moins.

— Moi, je connais bien, dit-elle.

— Tu pourrais nous en parler ?

Après avoir lu *Agatha*, elle s'était jetée sur tout ce qu'elle avait pu trouver, romans ou pièces de théâtre, de Marguerite Duras devenue, inconditionnellement, son auteure préférée.

— Vous voulez que je commence quand ?

— Tu vas commencer par me tutoyer, d'accord ?

Elle promet, elle va essayer. Elle ne dit pas que pour elle c'est difficile, qu'elle vouvoie sa mère. Elle a trop honte devant Pierre T., honte devant les autres élèves. Elle n'a jamais tutoyé de professeur. Découvre que c'est la norme dans le milieu du théâtre.

Le premier de ses professeurs donnait des cours dans une cave. La cave poésie. Ça commençait bien, mais ça ne finit pas aussi bien que ça avait commencé. Après quelques mercredis après-midi passés à regarder les autres élèves, épreuve qu'il imposait aux nouveaux venus, le professeur finit par lui accorder son attention :

— Vous allez prendre Agnès dans *L'École des femmes, le petit chat est mort,* vous connaissez ? lui dit-il en découvrant enfin ses longs cheveux blonds, sa peau diaphane, et ses yeux bleus.

— Oui, monsieur.

— Oui, Maître. Ici on dit Maître, compris ?

Elle comprit. Ne revint pas.

Elle aimait le théâtre, voulait tout découvrir, tout apprendre, mais Maître, elle ne pouvait pas.

Elle alla au syndicat d'initiative. Sur une liste, ils n'étaient pas nombreux, elle dégota les coordonnées d'un autre professeur. Le soir même, elle téléphona.

— Bonsoir, répondit une voix grave, travaillée à la cigarette.

— Je vous téléphone pour prendre des cours.

— J'ai arrêté. Les élèves ne travaillent pas, ils n'apprennent pas leurs textes, ça ne m'intéresse plus.

— Mais…

L'homme raccrocha.

Elle rappela.

— Moi, je travaillerai.

— Ils disent tous ça au début, et puis après, ils ne font plus rien. Ça ne m'intéresse pas, je vous dis.

— Je vous promets, moi, je travaillerai.

— Rappelez-moi dans une semaine.

Une semaine plus tard, elle rappela. S'il croyait qu'elle renoncerait, il se trompait.

— Pourquoi voulez-vous prendre des cours ?

Dans un an, elle aura dix-huit ans, elle ira à Paris, entrera au Conservatoire national, ou à la Rue Blanche.

— On n'y entre pas comme ça. Il faut passer des concours.

— Je sais.

— C'est très difficile.

— Je sais.

Elle était prête à travailler autant qu'il le faudra.

— Rappelez-moi dans trois jours.

Trois jours plus tard, elle rappela. Qu'est-ce qu'il croyait ?

C'est lui qui abdiqua. Il lui donna rendez-vous pour son premier cours.

Une salle de classe dans une institution catholique, une table, des chaises métalliques. Rien de bien théâtral. Pas de scène, pas de coulisse, pas de projecteur, pas de pleins feux et pas de noir. Un professeur et son élève, il n'y en aura pas d'autre, dans la lumière qui est là, claire, l'été, sombre, l'hiver.

Il s'appelle Michel A., elle peut, bien sûr, l'appeler Michel.

Les cheveux mi-longs, bruns, teints, aucun cheveu blanc. De temps en temps, il remet une mèche bien à sa place derrière l'oreille. Des lunettes larges et carrées, des verres fumés. Elle distingue à peine ses yeux. Une chemise noire, quelques boutons ouverts. Sur la poitrine, une chaîne en or. Un parfum sucré, qui la suivra jusqu'au soir, quand elle rentrera chez elle.

— On va d'abord faire connaissance.

Il s'assied. La fait asseoir en face de lui. Il pose sur la table son petit sac qu'il porte à l'épaule, un sac en cuir brun, rectangulaire. Il en sort un briquet, des cigarettes. En allume une. Il se présente, après, ce sera à elle. Il a beaucoup joué au théâtre Sorano. Daniel Sorano est un metteur en scène, mort depuis quelques années. Ceux avec lesquels il a travaillé sont aujourd'hui à la retraite ou morts. Pour lui, la scène, c'est terminé. Il ne dit pas s'il regrette. Il arrive encore qu'on l'appelle pour des dramatiques à la radio. La voix, toujours la voix. Il aime les voix. Les voix graves. Maria Casarès. Maria Callas. Connaît-elle ? Non, elle ne connaît pas. Il lui fera connaître. Leur voix puissante, douloureuse, leur talent immense, leur vie entière dédiée au chant, au théâtre, la dignité avec laquelle elles ont traversé épreuves et chagrins. Un jour, il lui racontera.

— Et vous ?

Aime-t-elle ce qu'elle fait au lycée ?

A-t-elle des amis ?

Des frères, des sœurs ?

S'entend-elle bien avec eux ?

Elle répond que oui.

— Vraiment bien ?

Elle se racle la gorge, un petit chat tout au fond ? *Le petit chat est mort.*

— Pas vraiment.

Comment ne pas être honnête avec Michel A. ?

Il ne pose pas d'autres questions, Michel A. est délicat.

Il lui fait la liste de ce qu'elle va travailler. Hermione, Bérénice, le Sphinx dans *La Machine infernale*, Dora dans *Les Justes*. Un jour, il ajoutera *Phèdre*. Commencez par lire les pièces. Les lire et les relire, pour tout comprendre du texte, des situations, des enjeux. Intéressez-vous au contexte historique, regardez des tableaux, écoutez de la musique.

— Mais je vous préviens, *le petit chat est mort*, ce n'est pas pour vous.

Même si d'emblée, Agnès dans *L'École des femmes* est le rôle qu'on propose à toute jeune comédienne diaphane et blonde. Lui, dans sa blondeur, son teint transparent et ses yeux bleus, il voit de la passion, de la colère.

Il lui fait travailler du grave, du profond, de l'insoumis.

La voix basse. Le plus bas possible.

Il ne lâche pas.

Elle non plus, ne lâche pas.

Il lui demande de recommencer, elle recommence.

De rectifier, elle rectifie.

De travailler, dis-moi gros grand grain d'orge pendant des heures au fond du jardin, elle travaille. D'apprendre à fermer les *é* et les *o* quand il faut, d'apprivoiser les *en*, les *in*, les *un*, elle répète chaque syllabe, chaque voyelle, tant que ce n'est pas parfait.

Chaque samedi est un rendez-vous qu'elle attend avec impatience.

Chaque samedi, il est là, à l'heure, son petit sac sur l'épaule, qu'il remet bien en place en lui disant bonjour, prêt à lui transmettre tout ce qu'il est tellement heureux de lui transmettre maintenant qu'il la voit travailler comme elle travaille, bien décidé à l'aider à conquérir sa force, à l'emmener vers les rôles qu'il entrevoit pour elle.

— Mais pas avant quarante ans. Vos emplois, vous ne les aurez pas avant.

Quarante ans ? Elle est d'accord. Plus on l'éloigne de l'enfance, plus elle est d'accord. Depuis ses dix ans, elle a tellement hâte. Hâte d'en avoir dix-huit, de pouvoir quitter la maison. D'en avoir trente, comme cette femme dans le bus, belle, brune, la peau blanche entre le gant noir et la manche du manteau. Si belle. La plus belle femme qu'elle ait jamais vue. Heureuse. À trente ans, on ne peut être qu'heureux d'être enfin si loin de l'enfance.

Maintenant, elle a hâte d'en avoir quarante. À quarante ans, elle aura ses plus beaux rôles, lui a prédit Michel A.

Six mois plus tard, il lui parle de *Phèdre*, acte II scène 5. L'encourage à le lire, le relire, l'apprendre au plus vite. Elle le fait pour la semaine suivante. Un samedi, il lui demande de lever les bras vers Hélios, dieu du Soleil. Elle ne peut pas. Le samedi d'après, il apporte un miroir. Et un samedi, grâce à lui, elle lève un bras, puis les deux.

— Tu serais prête à commencer quand ? demande Pierre T.

— Quand vous voulez.

Il ne relève pas le *vous*, sa répétition l'attend, il déteste être en retard. La ponctualité et la rigueur font aussi partie de ses exigences envers ses élèves.

— Rendez-vous pour tous avec Duras lundi prochain. Bon week-end et bon travail.

Le cours de Pierre T. commence par une séance de yoga. Personne n'y coupe, même si certains essayent, prétextant un mal de dos ou de cervicales, un retard de métro, c'est fou ce que le métro fonctionne mal le lundi matin. Pierre T. ne se laisse pas embobiner. Il envoie les retardataires dans un coin de la salle faire le double d'exercices. Quant aux véritables mal en point, il s'en occupe personnellement, étirant sans ménagement les zones concernées. Pour Pierre T., préparer son corps, le mettre en mouvement, est essentiel pour entrer dans le travail de l'acteur. Le corps et l'esprit, disponibles. Prêts à fonctionner, donner, recevoir.

Ce lundi matin, elle fait comme si. Comme si elle se détendait des pieds jusqu'au haut du crâne, comme si elle laissait son cerveau prendre la forme d'un œuf au plat dans une poêle à frire, et se répète en boucle, point par point, ce qu'elle va dire.

Premier point, l'enfance.

L'enfance toujours.

Elle s'assied en tailleur, rassemble autour d'elle ses notes, ses idées, prend une inspiration, elle va se lancer.

Pierre T. l'arrête tout de suite :

— Je peux t'enregistrer ?

— Oui, vous... tu... oui, bien sûr.

Il pose un magnétophone devant elle, énonce distinctement la date, l'heure.

— À toi.

— Marguerite Duras est née à Gia Dinh, près de Saigon, en Cochinchine française. Quand son père tombe malade, du paludisme, la famille rentre en France. Ils s'installent dans le Sud-Ouest.

Le Sud-Ouest ?

Quatre pins parasols au fond du jardin.

Ne pas tout mélanger. De quoi se mêle la chose à vouloir revenir toujours ? Faire son importante jusque dans le cours de Pierre T.

Se concentrer.

— Son père meurt, la famille repart à Hanoi. Sa mère achète une concession de deux cents hectares à Vinh Long, pour y faire des rizières. Marguerite Duras a presque huit ans. Elle restera au Vietnam jusqu'à ses vingt et un ans. Elle devient bilingue, comprend le pays de l'intérieur comme de l'extérieur et acquiert un double regard sur le monde. Pour moi l'écriture de Marguerite Duras est ce double, celle du regardant et du regardé, du présent et du passé.

— Merci.

Pierre T. éteint le magnétophone. Le cours est terminé. Sa répétition au théâtre de l'Athénée l'attend dans une heure.

Le lundi suivant, accroupi devant le magnétophone, Pierre T. énonce une fois encore la date, l'heure.

— À toi.

— Dès son enfance, Marguerite Duras est entourée d'eau. L'eau des pluies, de la mer, les vagues qui se font tsunamis, l'eau sombre qui charrie les souvenirs lointains et les dépose sur la plage. Certains de ses personnages vont nager, s'abandonnent à leur mémoire, quelquefois à s'en rendre fou, d'autres restent au bord de l'eau, les regardent. Comme le fait Marguerite Duras, quand elle écrit.

Dans la salle, ils l'écoutent, attentifs, la fille rousse, si belle, les yeux, on dirait des perles, le garçon brun, grand, si mince, et les autres.

— Il y a la mer et puis les fleuves. Les fleuves en apparence paisibles, mais qui, après les pluies violentes, transportent des troncs d'arbres, des cadavres d'oiseaux, de chiens, quelquefois même d'homme ou de femme.

Les clés de Pierre T. tintent, c'est l'heure. Elle s'arrête là.

Le lundi suivant, elle parle d'*Agatha* :

— Ils ont rendez-vous dans une maison au bord de la mer. La maison de leur enfance. La villa Agatha. Elle, est venue lui annoncer qu'elle le quitte. Lui, fou de douleur, se raccroche à leurs souvenirs communs. La décision qu'elle a prise est impossible à tenir, pour Lui, pour Elle. Ils sont frère et sœur, rien ne les séparera jamais. Leur amour est inscrit dans leur histoire familiale *avant, et encore avant, et encore et encore avant*.

Un garçon de seulement quelques années de plus qu'elle, et déjà le visage d'un homme de trente ou quarante ans, les yeux clairs, la peau grêlée de cicatrices, demande :

— Ils n'ont pas de prénoms ?

— Marguerite Duras les a nommés Elle et Lui. Ça pourrait être vous, ça pourrait être moi.

Qu'est-ce qu'elle dit ?

Ce n'est pas elle. Non, ce n'est pas elle. C'est une autre.

Un personnage.

Agatha.

Le bruit du magnétophone. Pierre T. s'est levé, a arrêté l'enregistrement.

— Tu as fini ?

— Non.

Pierre T. appuie sur le bouton.

— À toi.

— Elle et Lui ont des souvenirs trop identiques pour en être dissociés. Ils peuvent partir à l'autre bout de la terre, très loin l'un de l'autre, leur amour existera toujours. Même s'il n'aurait pas dû commencer, il ne se terminera jamais.

Le garçon au visage grêlé de cicatrices l'interrompt à nouveau :

— C'est un mythe ?

Après tout, pourquoi pas ?

Plus elle s'éloigne de la réalité, moins la chose a existé.

Elle analyse, argumente, développe, comme elle le ferait si elle avait choisi de suivre des études littéraires. Elle imagine, brode, comme elle le ferait si elle avait choisi d'écrire un roman.

Elle appuie sur le bouton du magnétophone.

— J'ai fini, je n'ai rien d'autre à ajouter.

Pierre T. enlève la cassette.

— Je vais la faire écouter à Marguerite. Elle est très curieuse d'entendre ce que tu dis d'elle.

Elle le regarde, stupéfaite.

— Je lui ai dit que tous les matins une de mes élèves parlait d'elle. Elle m'a dit ah oui ? Je lui ai demandé si elle avait envie d'écouter. Elle m'a répondu, une jeune fille ? Pourquoi pas.

Elle, ne répond pas, elle déteste.

Elle déteste qu'on dise Marguerite.

Duras n'est pas une fleur. On ne l'aime pas un peu, beaucoup. On l'aime, un point c'est tout.

Duras n'est pas une ritournelle, c'est un opéra.

Ce n'est pas une averse, c'est un orage.

Pas une rivière, un torrent.

Et elle déteste qu'on ne lui demande pas.

Qu'on lui prenne des choses sans les lui demander. Et ce n'est pas la première fois.

Pierre T. sourit, un sourire désarmant.

Alors, entre le sourire de Pierre T. et tout ce qu'elle doit déjà à Marguerite Duras, elle ne dit pas non.

Marguerite Duras a écouté les enregistrements, elle a téléphoné à Pierre T. :

— Cette jeune fille, elle a tout compris.

Pierre T. a sauté sur le compliment, a immédiatement proposé un rendez-vous.

Marguerite Duras a répondu pourquoi pas, qu'il lui téléphone dans quelques mois.

Pierre T. veut mettre en scène *Agatha*.

Dès le lundi matin où il a demandé à ses élèves ce sur quoi ils aimeraient travailler et qu'elle a parlé du texte, ça a été une évidence, elle était Agatha.

Pour interpréter Lui, il a choisi un autre élève de sa classe, aussi brun qu'elle est blonde, un charme fou, tellement doué, le plus doué sans doute de sa promotion. Il s'appelle Vincent G. Un garçon aux yeux noyés de blessures.

Ils sont différents, et pourtant ils se ressemblent.

Pierre T. connaît des directeurs de théâtre, des producteurs. Il pense pouvoir en convaincre un facilement. Ne manque que l'accord de Marguerite Duras.

Jusque-là, personne n'a réussi à l'obtenir. De grands metteurs en scène, français et allemands, ont essayé, aucun n'est parvenu à convaincre Duras.

Chaque fois, elle objecte qu'*Agatha* n'est pas un texte écrit pour être joué. Lu à voix haute, peut-être, mais pas appris et répété sur un plateau. Le théâtre pourrait le détruire, les acteurs, sur scène, figer et tuer les personnages.

Elle a préféré en faire un film, *Agatha et les lectures illimitées*. C'est elle qui dit le texte avec Yann A., comme elle le fait dans *Le Camion* avec Gérard D. Une conversation. Sans effet. Sans jeu. La caméra se pose sur la plage, la mer, le ciel, l'hôtel, sur Bulle O., son corps, son visage.

Reste donc à convaincre Marguerite.

Pierre T. met tout son espoir en la jeune fille de l'enregistrement, comme elle l'appelle. Sa détermination. Sa passion. Sa grâce.

Il compte sur la rencontre.

Rendez-vous est pris, six mois plus tard, le 24 juin, à vingt-deux heures trente au théâtre du Rond-Point.

Ce soir-là, Vincent G. et elle jouent leur spectacle de fin d'année. Impossible d'y couper. Les professionnels viennent y faire leur marché.

Impossible aussi de déplacer le rendez-vous avec Marguerite Duras.

Le spectacle commence à dix-neuf heures trente, termine aux environs de vingt et une heures.

Ils devraient avoir le temps, se rassure Pierre T.

Ils ont le temps, ils ont vingt ans, et aucun doute.

Ils jouent *Outrage au public* de Peter Handke, une pièce sans dramaturgie, sans histoire, leur a expliqué le metteur en scène, un de leurs professeurs de comédie. Pour interpréter les cinq personnages, ils sont une vingtaine. Toute une classe. Ils ont pour consigne de choisir leur costume dans leur coin.

— Vous découvrirez celui des autres le soir de la représentation, leur indiqua le metteur en scène, qui pensait avoir là l'idée du siècle.

Le 24 juin, sur le plateau du théâtre 347, entièrement dédié à l'école de la Rue Blanche, c'est la surprise pour tous. Il y en a une en papier journal, un autre en ours, et il sent affreusement la naphtaline, une autre en fleur, et il faut être perspicace pour en deviner l'espèce, un autre en cuir, cagoule et poing américain, prêt à en découdre avec qui se mettrait en travers de sa route, un autre nu. Ben quoi ? il crève la dalle, pas de quoi se payer un costume. Elle, est en justaucorps chair de la tête aux pieds, les cheveux tirés en arrière, sans indication de genre, ni femme, ni homme.

C'est un grand foutoir sur la scène du 347.

Le spectacle se termine. Le public applaudit, sans doute plus l'auteur que ce qui vient de se produire sur le plateau pendant quatre-vingt-dix minutes, et qu'elles sont longues les minutes lorsqu'on s'ennuie au théâtre.

Il est vingt et une heures.

Un metteur en scène frappe à la porte de la loge. Pourrait-il lui parler ? Il prépare un Claudel. Bien que l'ayant entendue vociférer du Handke, qu'on soit bien d'accord, il n'a pas du tout aimé le spectacle, il pense qu'elle pourrait correspondre au rôle principal qu'il lui reste encore à distribuer, elle était très en valeur dans son costume chair.

Le rôle principal dans une pièce de Claudel ? Bien sûr qu'il peut lui parler.

Elle enfile son blouson.

— On va dîner ? propose le metteur en scène.

Elle regarde sa montre.

Vingt et une heures quinze.

A-t-elle le temps ? Pour dîner, prendre le métro, et rejoindre Marguerite Duras, Pierre T. et Vincent G., au théâtre du Rond-Point ?

— Mais oui, l'encourage le metteur en scène, qui, pourtant, devrait se méfier du temps qui passe, passe trop vite, il approche la cinquantaine.

On y va ?

Un restaurant feutré.

Peu de lumière. Des bougies, une table ronde, minuscule. Leurs jambes ne peuvent faire autrement que se toucher dans le peu d'espace qu'il leur reste.

— Pardon, s'excuse-t-elle, chaque fois.

Le metteur en scène lui pardonne volontiers, sourit.

— C'est pas grave, si ?

Il a de belles dents. Blanches et carnassières.

— Et on se tutoie, hein ? Bien sûr.

— Bien sûr, bafouille-t-elle

— Qu'est-ce que tu as préféré, toi, dans cette école ?

Au passage, il va lui dire ce qu'il en pense.

— Tu permets ?

— Bien sûr, répète-t-elle.

À part elle, il n'a pas trouvé grand monde de bien. Il faut dire qu'elle était vraiment très bien, très en valeur dans son costume, qui épousait parfaitement ses formes. Ses seins, ses fesses. Plus il y pense, plus il la trouve bien. Très très bien.

— Un autre verre ?

— Non, merci.

Elle a tout de même ce rendez-vous qui l'attend.

— Oh, Marguerite... soupire-t-il, blasé, comme s'il déjeunait avec elle tous les dimanches.

— Vous la connaissez ?

— Qui ne connaît pas Marguerite Duras ? Aujourd'hui, elle fait quand même partie du paysage.

Du paysage ? Lequel ? Les côtes bretonnes ? Les bosquets du Poitou ? Jamais elle n'aurait pensé qu'on puisse dire que Marguerite Duras faisait partie du paysage, comme une haie de thuyas, un panneau publicitaire ou un abribus. Mais elle tâche de penser à Claudel et au rôle principal qui l'attend.

Le metteur en scène appelle le serveur, demande du pain.

— Pour la sauce.

Ils en sont encore aux tomates mozzarella, elle regarde sa montre, il est vingt-deux heures.

Elle pourrait passer directement au café, sauter le plat, le dessert, vraiment ce n'est pas grave, merci beaucoup, je n'ai plus faim, non je vous assure, plus faim du tout. Mais le metteur en scène voudrait en savoir plus sur elle.

— Parce que monter une distribution, c'est compliqué. Tout le monde le sait. Il faut bien connaître ses acteurs. Comment faire du bon travail avec une actrice qu'on ne connaît pas sur le bout des doigts ? insiste-t-il, le sourire charmeur et le genou pressant.

Elle fait mine de replacer son blouson sur le dossier de la chaise, écarte son genou.

— Qu'est-ce que tu aimes ?

Elle adore Duras justement. C'est même son auteure préférée.

Il fronce les sourcils :

— Tu dis auteure, toi ?

— Oui.

Ça l'agace un peu, mais bon, disons que c'est un détail.

— Et à part ça ? Tu aimes quoi ?

Claudel aussi. À propos, ils n'ont toujours pas parlé de la pièce. Laquelle veut-t-il monter ?

— On a tout le temps pour en parler.

Elle regarde sa montre, justement, il ne lui en reste plus beaucoup.

Le metteur en scène en profite pour lui prendre la main, une caresse qui ne se veut pas légère.

— À propos d'envies, tu n'en as pas d'autres ?

Elle retire sa main. Dommage, elle a la peau douce. A-t-elle un ou une petite amie, qui sache en profiter ?

Elle cherche son blouson qui n'a pourtant pas bougé sur le dossier de sa chaise. Regarde l'heure, il est vingt-deux heures quarante-cinq.

— Ce ne serait pas un problème, sourit le metteur en scène.

Ses dents ont perdu de leur blancheur, le mauvais vin dont il ne cesse de remplir son verre a laissé sa trace.

— Je n'ai rien contre faire ça à plusieurs.

Elle le regarde, éberluée.

Pourtant, pas de quoi se formaliser. Qu'une actrice ait envie de tout faire, tout expérimenter, tout vivre, pour lui c'est essentiel, c'est même un critère quand il en engage une.

Elle se lève, furieuse.

— Visiblement, tu n'es pas curieuse, ni audacieuse.

Il ne dit pas consciencieuse, mais aurait pu. Comment imagine-t-elle travailler avec des metteurs en scène de sa réputation, qui ont un théâtre, pignon sur rue, un CV grand comme le bras ? Elle est si peu coopérative, il ne voit pas comment elle pourrait être engagée. C'est bien beau de fréquenter les grandes écoles, mais une fois sortie, il faut trouver du travail. Qu'est-ce qu'elle compte faire ?

— Bonne sœur !

Elle attrape son blouson, son sac, fait l'impasse sur le plat, le dessert, le café, le pousse-café, la boîte de nuit, et la nuit, sans nul doute, dans le lit du metteur en scène. Elle n'aura pas le rôle, tant pis.

Il est vingt-trois heures. Elle a trente minutes de retard. Auront-ils attendu ? Elle saute dans un taxi.

Vingt-trois heure quinze, quand elle arrive au théâtre du Rond-Point.

Elle traverse le hall.

Descend quatre à quatre les escaliers.

D'un coup d'œil repère la table.

Elle peut recommencer à respirer, ils sont encore là.

Avec ses trois quarts d'heure de retard, Pierre T. l'accueille, le regard noir.

— Tu as vu l'heure ?

— Je suis désolée…

Marguerite Duras, impassible, ne dit rien. Pas un geste, pas un mot pour la nouvelle arrivée.

Est-elle à ce point contrariée ? Qui ose faire attendre Marguerite Duras ?

— Marguerite ? se risque Pierre T. C'est elle.

Duras se sert une coupe de champagne, avale une gorgée, et accorde enfin son attention.

— Alors voilà celle qu'on enregistre ?

— Bonsoir…

Elle bredouille. Quand même. Et puis elle ne sait pas si elle doit dire, madame ? Madame Duras ? Ou comme Pierre T. Marguerite ? Si elle doit vouvoyer ou tutoyer, dans ce métier au bout de cinq minutes tout le monde se tutoie.

— Je suis désolée pour le retard.

Marguerite Duras se fiche bien du retard. Elle termine sa coupe, s'en sert une autre, lui indique la chaise en face d'elle.

— Asseyez-vous.

Voir de plus près celle qu'on enregistre, ça, ça l'intéresse.

— Alors comme ça vous voulez jouer *Agatha* ?

— Oui.

— Vous avez vu *Agatha et les lectures illimitées* ?

Bien sûr qu'elle l'a vu. Elle a tout vu, tout lu. Les films, les pièces, les romans.

— Vous comprenez donc que pour moi ce texte, au théâtre, ce n'est pas envisageable. Ce n'est pas possible, vous comprenez ?

Dans la bouche de Duras, ce n'est pas une question, c'est une affirmation.

Pierre T. se ronge sur sa chaise.

Pourquoi Marguerite a-t-elle accepté la rencontre ? Au téléphone elle avait dit :

— Avec elle, *Agatha* au théâtre, pourquoi pas ? Il faut que je la voie.

Et ce soir, elle ferait marche arrière ?

À cause de ce maudit retard ?

— Beaucoup de metteurs en scène m'ont déjà demandé ce texte, vous le savez ? poursuit Duras.

Elle le sait. Pierre T. aussi le sait.

— J'ai toujours refusé.

Ça aussi, ils le savent.

— Sauf que cette fois, ce n'est pas un metteur en scène qui vous le demande, c'est une actrice. Moi.

D'où lui vient tout à coup cet aplomb ? Elle a dix-neuf ans, Marguerite Duras, soixante-sept. Elle, n'a jamais rien joué, rien fait de bien spectaculaire, à part ce spectacle en justaucorps chair, ni femme, ni homme, au théâtre du 347. Marguerite Duras a écrit une vingtaine de livres, tourné une dizaine de films, elle est traduite dans le monde entier, a été adaptée au cinéma par des Français, des Anglais, des Américains.

Tout en cherchant à tâtons sa coupe de champagne sur la table, Duras ne quitte pas des yeux cette jeune fille qui lui répond avec tant d'assurance. Elle trouve la coupe, l'engloutit d'une traite.

— Et puis vous n'avez pas l'âge du personnage.

— Si.

Elle est de mauvaise foi. Sur le papier, effectivement, il lui manque au moins dix ans.

— Vous êtes trop jeune. Agatha a trente ans, voire plus.

— Moi aussi.

Pierre T. se tasse sur sa chaise. Comment ose-t-elle tenir tête à Marguerite ? Marguerite peut se braquer, entrer dans des colères monstres, envoyer balader tout le monde, et alors ils pourront définitivement dire adieu au projet.

Duras abandonne un moment sa coupe, semble n'avoir plus qu'un seul intérêt, cette jeune fille qui ose lui tenir tête.

— Vous ne pouvez pas avoir été mariée, avoir divorcé, vous êtes bien trop jeune.

Elle soutient le regard de Marguerite Duras.

Déterminée.

Tout, maintenant, est entre elles deux.

— Agatha, c'est moi. C'est ça, avoir l'âge du personnage. Toute ma vie, elle aura mon âge. J'en ai dix-neuf, et elle en a dix-neuf. J'en aurai quarante, elle en aura quarante. Même à quatre-vingt-dix ans, elle aura mon âge, parce que Agatha, c'est moi.

Pierre T. tousse. Attend la tempête. Elle ne devrait pas tarder. Un auteur déteste qu'on prétende en savoir plus que lui sur ses personnages. N'est-ce pas lui qui les a imaginés ? Pensés ? Mis au monde ? Pierre T. connaît par cœur les auteurs, combien en a-t-il joué ? Et il connaît Marguerite mieux que les autres et depuis longtemps. Sa compagne, Catherine S., a tourné dans trois de ses films, joué dans deux de ses pièces. Il a assisté à des scènes de colère mémorables.

En attendant la fureur de Marguerite, qu'il pressent imminente et terrible, Pierre T., abattu, cherche dans la salle du restaurant du Rond-Point quelqu'un, à qui se raccrocher, qui pourrait le sauver, un acteur avec qui il aurait joué, un metteur en scène qui l'aurait dirigé, un spectateur qui le reconnaîtrait.

Miracle, il aperçoit Michael L. qui descend l'escalier, élégant et royal. Il vient de jouer *L'Amante anglaise* dans la grande salle. Marguerite respecte l'acteur, elle l'a engagé dans presque tous ses films, aime l'homme, ils sont amis. Pierre T., dans un sursaut d'espoir, imagine en Michael L. son bienveillant sauveur.

Il lui fait signe.

Michael L. lui répond, courtois, toujours, et rejoint la table.

Marguerite lui fait immédiatement une place à côté d'elle.

Les bouteilles de champagne sont vides, elle en commande une autre.

— Il y avait du monde ? demande-t-elle.

— C'était plein. Et toi, cette lecture ?

— C'était formidable. Elles vont être formidables.

Dans un peu plus d'un an, elle mettra en scène *Savanah Bay* dans la grande salle, avec Madeleine R. et Bulle O.

Michael L. salue Vincent G. qui, respectueux et embarrassé sur sa chaise, ne sait quoi dire, quoi faire, puis salue la jeune fille blonde qui, sans embarras aucun, fait face à Marguerite.

— Ils veulent monter *Agatha*.

— Formidable.

— Mais tu sais, toi, on en a parlé souvent, *Agatha* ça ne peut pas être du théâtre. Un film, oui. Pas du théâtre.

— Pourquoi ? Je ne vois pas pourquoi, Marguerite.

— *Savanah Bay*, oui, c'est du théâtre. Je l'ai écrit pour Madeleine, pour Bulle, et pour le mettre en scène ici, sur le plateau du Rond-Point.

— Et un jour, quelqu'un d'autre le montera, autrement, avec d'autres actrices, et ce ne sera sans doute pas ce que tu avais imaginé.

— Je ne veux pas le savoir. De toute façon, *Agatha*, c'est différent. C'est...

Marguerite ne finit pas sa phrase. Elle avale sa coupe de champagne d'un trait.

La jeune actrice profite des points que Marguerite Duras laisse en suspension, et qu'habituellement on laisse suspendus, pour dire :

— C'est moi. Agatha, c'est moi.

Cette fois, Pierre T. attend, sans plus aucun espoir, l'ouragan, le cataclysme, la lame de fond durassienne dans le restaurant du Rond-Point, la colère apocalyptique, dévastatrice de Marguerite.

Sauf que Michael L. est là. Il se tourne vers Marguerite, souriant comme il sourit souvent, avec douceur, et remplit sa coupe.

— Écoute, Marguerite, ils sont jeunes, très jeunes, et ils sont sur le bon chemin. Si elle dit qu'Agatha c'est elle, c'est qu'elle a de bonnes raisons de le croire. Et puis on le sait, toi et moi, combien de fois l'a-t-on vécu ensemble ? On a beau avoir imaginé, prévu, tout à coup peut surgir ce à quoi on ne s'attendait pas. La grâce. Rappelle-toi, le premier jour de tournage d'*India Song*. Tu te souviens ?

Comment ne se souviendrait-elle pas ?

Pour elle, *India Song* est avant tout un air de piano. Elle avait demandé à ce qu'on le mette très fort sur le plateau. L'ingénieur du son, qui ne pouvait entendre les acteurs, demanda à Duras ce qu'elle préférait garder, le piano ou les voix ? Elle répondit le piano.

Marguerite et Michael L. éclatent de rire. Ils rient comme des enfants.

— C'est comme ça que tu as eu l'idée de la voix off.

— La voix de Viviane, si belle.

— Et la tienne.

— Bien sûr, la mienne.

— Et tu ne l'avais pas prévu ?

— C'est vrai.

— Tu penses qu'Agatha ce n'est pas possible au théâtre, alors que peut-être qu'avec ces deux jeunes c'est possible. Qu'avec eux surgira quelque chose à quoi tu ne t'attends pas.

Le garçon apporte l'addition. Il est tard. Le restaurant ferme.

Pierre T. paye les bouteilles de champagne. Appelle un taxi pour Marguerite.

Avant que la voiture arrive, il demande, dans un dernier espoir :

— Alors, Marguerite ? Qu'est-ce qu'on fait ?

Et attend le désastre.

Pas besoin d'attendre, Marguerite répond du tac au tac.

— Alors, c'est oui. Elle a raison, cette jeune fille. Ce n'est pas une question d'âge. Pas une question de cinéma, de théâtre. C'est une question de personne.

A-t-elle deviné ?

Elle promet d'envoyer une lettre avec son accord, accord nécessaire pour les démarches auprès des théâtres et des producteurs.

Elle l'enverra, un mois plus tard, le 26 juillet, depuis Neauphle-le-Château.

Le taxi arrive.

— Il faudra quand même retravailler le texte. Ils sont très jeunes. Appelez-moi pour qu'on fixe un rendez-vous.

La portière claque.

Le taxi démarre.

Duras est un torrent. Un orage. Un opéra.

Pierre T. explose de joie, sur le trottoir. Sa joie raisonne comme l'appel d'un animal dans la forêt. Il ferait presque peur. Mais Pierre T. est un gentil. Un vrai gentil.

— Eh bien, voilà, c'est parti ! hurle-t-il.

Ses clés de voiture teintent dans la nuit. Vite, aller raconter la soirée à Catherine S.

Ils le regardent s'éloigner. De dos aussi, on devine son bonheur.

— N'oubliez jamais, il n'y a pas que votre visage qui nous parle, votre dos aussi.

Combien de fois le leur a-t-il répété, quand ils passent une scène en cours ?

La voiture de Pierre T. démarre en trombe dans l'avenue Franklin-D-Roosevelt.

Ils se regardent, ils sont heureux. Tellement heureux.

Ils vont créer *Agatha* de Marguerite Duras.

Le ciel, au-dessus d'eux, est immense, infini.

Ils ont rendez-vous à quatorze heures trente.

5, rue Saint-Benoît, dans le sixième arrondissement.

Ils sont à l'heure.

Pour être sûr de sa ponctualité, il se souvient avec angoisse de son retard au théâtre du Rond-Point, Pierre T. est allé la chercher en voiture. Une voiture rouge, décapotable, qu'il conduit à grands renforts d'accélérations soudaines et de coups de klaxon.

Vincent G., ponctuel, les attend devant l'immeuble.

Ils prennent l'ascenseur jusqu'au troisième étage, en silence. Concentrés. Intimidés ? Émus, en tout cas, à l'idée de découvrir l'endroit où Marguerite Duras passe ses journées, ses nuits, ses longues heures d'écriture.

Elle leur ouvre.

Un hall d'entrée. De larges portes à deux battants. Des murs blancs. Des moulures au plafond. Du parquet. Un grand salon. Une table immense.

— Asseyez-vous.

Pas de comment allez-vous ?

Ni de voulez-vous boire quelque chose ?

Pas non plus de j'étais tellement impatiente de vous revoir.

Pas de chichi.

Pas de champagne. Pas de café. Pas même un verre d'eau.

De leur côté, certainement pas de c'est joli chez vous, j'adore cette lampe, ce tableau, ce fauteuil, mais vous l'avez trouvé où ? Moi aussi je chine dans les brocantes et les vide-greniers.

Encore moins de je pourrais visiter ? Je suis tellement curieux de voir l'endroit où vous travaillez. Pas de questions non plus que l'on pose aux auteurs. Vous écrivez chez vous ? Assis à votre bureau ? Vous avez un bureau ? Une pièce à vous ? Ou vous écrivez dans les bars ? Avec de la musique ? Ou surtout sans un bruit ? Tôt le matin ? Ou bien la nuit ? Au stylo ou à la machine ? De toute façon Marguerite Duras l'a toujours dit, elle pourrait ne pas avoir besoin d'endroit spécifique pour travailler. Son écriture, elle l'a toujours sur elle. Elle l'emmène partout, rue Saint-Benoît, à Neauphle, Trouville, ou New York.

Pas de visite donc, on est chez Marguerite Duras, pas à la tour Eiffel.

Ils ne sont venus ni pour boire, ni pour parler brocante ou chiffon, mais pour travailler.

Ils s'assoient autour de la grande table, prennent à peine le temps de suspendre au dossier de leur chaise leur blouson.

Ils ouvrent leur brochure.

Marguerite allume une cigarette. Elle est pressée d'entendre leurs voix. La voix, c'est autant que le visage, que le regard, que le sourire, dit-elle.

Sur leur chaise, un peu guindés, ils ont la gorge sèche. Le trac.

C'est Vincent G. qui commence :

*Vous aviez toujours parlé de ce voyage. Toujours.*

Marguerite l'arrête tout de suite.

Vincent G. lève les yeux, inquiet, sa voix ne lui plait-elle pas ?

— Ce n'est pas vous. Vous, c'est très bien, le rassure-t-elle d'emblée. J'aime beaucoup la voix.

Elle écrase sa cigarette, se concentre. Elle se demande s'il ne faut pas couper le deuxième *toujours*.

— Vous n'avez pas l'âge, le passé qu'il faut, pour qu'il y en ait un deuxième. Reprenez, que j'entende encore.

Vincent G. reprend.

C'est bien ce qu'elle pensait. Elle coupe le deuxième *toujours*.

— Continuez.

Vincent G. enchaîne.

Marguerite ferme les yeux, écoute sa musique.

*Vous avez toujours dit qu'un jour ou l'autre l'un de nous deux devrait partir.*

Pierre T. lit les didascalies.

— *Silence.*

À la Rue Blanche, on lui a appris que les indications de jeu écrites par l'auteur à l'intention des acteurs s'appellent des didascalies.

Didascalie, un nom de papillon, qui se pose sur le texte le temps de l'écriture et s'envole quand vient celui de l'interprétation.

— Oubliez-les, oubliez, recommandent le plus souvent les professeurs.

Sauf qu'avec Duras, il ne faut pas les oublier. Pas question que didascalie s'envole.

— Les silences sont importants, vous le savez ?

Ils savent.

Ils ont déjà fait plusieurs séances de travail à la table. Ont lu le texte le plus à plat possible. Sans intention. Pas de jeu. Surtout pas. Pas avant le plateau. Ils se sont interrogés sur ce qui se cache derrière chaque souvenir, chaque non-dit, chaque silence.

— Je tiens à ce qu'ils soient respectés.

Ils les respecteront.

C'est à elle d'enchaîner :

*Nous avons toujours parlé de partir. Toujours il me semble.*

— Attendez.

À son tour, elle lève les yeux, inquiète.

— Tout va bien. Vos voix sont très belles ensemble. J'aime beaucoup. C'est important.

Duras allume une autre cigarette. Elle se demande s'il ne faut pas couper le *toujours il me semble.*

— Décidément, vous êtes si jeunes.

Elle réfléchit. Un temps plus long que le précédent.

Pierre T. se raidit. Leur jeunesse deviendrait-elle un obstacle infranchissable ?

Marguerite peut encore décider de tout arrêter. Marguerite peut tout.

— Marguerite ?

Un homme a ouvert la porte. Il passe la tête. C'est un acteur. Pierre T. le connaît. Ils ont joué ensemble il y a quelques années au théâtre de la Ville. Ils échangent un petit signe de connivence, ça va ?

Elle le regarde, fascinée. Quelle chance, quel honneur de faire partie de la vie de Marguerite Duras. Comme Claude Roy, Edgard Morin, Michel Leiris. Comme Georges Semprun, Francis Ponge, Raymond Queneau.

Elle imagine l'appartement du 5, rue Saint-Benoît, le soir. Autour de la grande table, on parle politique. On est révolté, engagé, et force de proposition, à gauche, toujours à gauche.

Marguerite apporte un grand plat de riz, une recette vietnamienne.

D'autres encore sonnent, arrivent à l'improviste, apportent des bouteilles qu'ils posent sur la table à côté des autres, à moitié vides.

On boit, on mange, on fume, on improvise de grandes envolées.

Sur les lampes, les abat-jours se tiennent de travers. On baisse les lumières.

Marguerite propose du café qu'elle torréfie elle-même dans une poêle à la cuisine.

La soirée engagée, littéraire, poétique, dure parfois jusqu'à l'aube.

— Je ne veux pas être dérangée, je travaille, ordonne Marguerite.

L'homme qui a osé passer la tête obtempère, s'éclipse sur-le-champ. Qui n'obtempère à Marguerite Duras ?

Il ne reviendra pas troubler la séance de travail.

— Où en étions-nous ? demande Duras.

Elle allume une cigarette, ferme à nouveau les yeux.

Ils reprennent la lecture.

Pierre T. se détend. Marguerite aime les entendre.

Elle les interrompt avec douceur maintenant, répète une phrase, dit c'est ça, oui, c'est ça, ou bien, non ce n'est pas ça encore, cherche mieux, mieux pour eux, enlève un *davantage,* un *encore et encore*, un *alors*, un *je crois,* un *je savais.*

— J'épure, dit-elle.

Elle veut un texte à leur mesure.

Un texte, rien que pour eux.

Elle s'excuse, les interrompt une fois encore :

— Décidément, non, ce n'est pas possible, vous n'avez pas pu vous marier, avoir des enfants, divorcer.

Elle coupe la page entière. Elle préfère.

Mais leur jeunesse ne la gêne plus, elle en fait une force.

Elle enlève des participes, garde beaucoup de présents.

Supprime des adjectifs, en cherche d'autres.

Elle se doit d'être juste, précise.

Le fleuve n'est plus *immobile* mais *calme*

Leur entente n'est plus *notoire, exemplaire*, mais quel mot à la place ? Elle propose :

— Irrémédiable. *Une entente irrémédiable.*

Qu'en pensent-ils ?

C'est à eux qu'elle pose la question ? Ils ont vingt ans à peine, n'ont aucune expérience ou de si peu de choses, Duras a travaillé avec de grandes actrices, de grands acteurs, de grands metteurs en scène, et elle leur demande s'ils sont d'accord ?

Quand ils ne le sont pas, elle leur permet de ne pas l'être, elle écoute leurs arguments, et le plus souvent, les accepte. C'est eux qui vont dire le texte. Pas elle.

Elle le leur a donné, maintenant il leur appartient.

Elle aussi pense qu'*irrémédiable* est le mot juste. Si l'entente est *irrémédiable,* la chose l'est aussi. Ne pouvait pas ne pas avoir existé. Ne dépendait pas d'elle, petite fille de dix ans, les yeux bleus, les cheveux blonds coupés courts.

La lecture se termine.

Sur la table, un cendrier rempli de mégots. Des pages de manuscrits raturées, réécrites. Pour eux. Rien que pour eux.

Ils n'iront qu'une seule fois rue Saint-Benoît.

Ils n'oublieront jamais cet après-midi.

Six mois plus tard.

Fin août.

Début des répétitions sur le plateau du théâtre Essaïon, dans le Marais.

Pierre T. a demandé qu'ils arrivent, texte su.

Pour Vincent G., ça a été facile.

Pour elle, pas du tout.

Sa mémoire commença par refuser que les mots d'Agatha deviennent les siens. Elle travailla tous les matins. Hors de question que sa mémoire fasse la loi, lui résiste. Au bord de la mer chez des amis, à la campagne chez sa mère, ses parents étaient maintenant séparés, elle l'amadoua, la dressa, comme un danseur dresse son corps, à heure régulière, et sans indulgence. Elle ne lui passait ni un oubli, ni une confusion d'article ou de temps.

Elle ne la lâcha pas de tout l'été.

Répéta.

Répéta, jusqu'à ce que sa mémoire abdique et s'incline. Fin août, résignée, elle avait accepté tous les mots d'Agatha.

Le théâtre Essaïon est une ancienne cave. Il peut accueillir une centaine de spectateurs.

Ça sent l'humidité, et à toute heure du jour et de la nuit, les odeurs de cuisine des restaurants alentour.

Il y a une loge pour tous, et pas d'ouvreuse.

Le directeur fait la programmation, répond au téléphone, prend les réservations, déchire les billets, place les spectateurs, quelquefois même empoche un pourboire, passe la serpillère dans les toilettes et, quand ils lui font l'honneur de se déplacer jusqu'à son minuscule théâtre, reçoit les huiles, des directeurs de salle, des producteurs ou de célèbres actrices et acteurs.

Le spectacle est programmé pour un mois. Du 21 septembre au 22 octobre.

Pour réserver, il faut appeler à partir de dix-huit heures. Avant, le téléphone sonne dans le vide. Personne pour répondre, pas même le directeur occupé à des réunions, sa comptabilité, ou la lecture de projets qu'on veut lui proposer.

Comme assistant à la mise en scène, Pierre T. a engagé un autre élève de sa classe, Emmanuel D.

Très vite, Emmanuel D. devint, par on ne sait quel tour de passe-passe, car jusque-là le directeur n'en avait jamais vu la nécessité, assistant du directeur.

C'est donc Emmanuel D., qui, à partir de dix-huit heures, dans le petit guichet en bois de l'entrée du théâtre Essaïon, répond au téléphone, attribue les places, reçoit les huiles et passe la serpillère dans les toilettes. C'est lui aussi qui empoche les maigres pourboires qu'on veut bien lui laisser, il l'avouera des années plus tard, au cours d'un petit déjeuner dans un grand hôtel près du Louvre.

Les répétitions commencent à quatorze heures précises. Aucune excuse pour les retards, ou les rendez-vous professionnels avec d'autres metteurs en scène. Pour Pierre T., ses acteurs, aussi jeunes, aussi inexpérimentés et en demande d'expériences soient-ils, restent ses acteurs. À lui seul.

Sur le plateau, pas de décors. Des accessoires. Un canapé, deux fauteuils en rotin, recouverts de draps blancs, comme dans les maisons de bord de mer qu'on quitte pour l'hiver et qu'on laisse prêtes pour l'été suivant. Depuis combien d'années garde-t-on la villa Agatha prête à les y voir revenir ?

Depuis toujours. Depuis leur enfance.

Les murs du théâtre sont les murs de la villa. Les coulisses sont les chambres, la terrasse, les escaliers qui mènent à la plage. Il y aurait des fenêtres entr'ouvertes, on entendrait la mer.

Un sac de voyage est déposé à l'avant-scène, un autre, au lointain.

Elle et Lui sont arrivés séparément.

Agatha dit à son frère :

*Je pars pour vous fuir et afin que vous veniez me rejoindre là même dans la fuite de vous, et alors je partirai toujours de là où vous serez. Nous n'avons pas d'autre choix que celui-là.*

— Ce sont les femmes qui prennent les décisions, elles qui font avancer le monde, leur explique Pierre T., sentencieux et doctoral. Ce sont elles qui gouvernent.

— Si c'étaient les femmes qui gouvernaient, ça se saurait, glisse-t-elle à Vincent G.

Dans un coin du plateau, ils éclatent de rire. Des enfants. Comme Marguerite Duras et Michael L. quand ils sont ensemble. Vincent G. et elle se comprennent si bien. Des amis.

Pour les costumes, Pierre T. n'a voulu que du blanc. En hommage à *India Song*.

Elle, porte une longue jupe en lainage, prêt du corps, Lui, un pantalon en toile. Ils sont tous les deux en pull-over. *Une fenêtre laisse passer la lumière de l'hiver*, indique le papillon didascalie qui, délicatement, s'est posé entre les répliques d'*Agatha*.

Même s'ils se déplacent tout au plus d'un fauteuil à l'autre, s'il n'a jamais été question d'arabesque, de pirouette, ni de saut de chat, loin s'en faut, *ils sont comme épuisés,* écrit Duras, Pierre T. a exigé qu'ils soient chaussés par le même fournisseur que le sont les danseurs de l'Opéra.

Pour Duras, pour ses acteurs, pour *Agatha*, Pierre T. veut le meilleur.

Pour la valse de Brahms que, petite, Agatha apprenait à jouer au piano, il a choisi une interprétation simple, sans virtuosité aucune.

Il est vingt-trois heures, Pierre T. fait retentir ses clés de voiture, on arrête là, rendez-vous demain à quatorze heures. On reprendra avec la chambre hallucinatoire. Il allume la servante, l'ampoule qu'on laisse la nuit sur scène. Elle veillera sur le théâtre, écartera les fantômes, chassera les souvenirs sombres.

Ils répètent depuis un mois et demi.

Dans trois jours, c'est la première.

Pierre T. les emmène à Trouville, dans sa voiture rouge.

Cheveux au vent, cigarette aux lèvres, la main gantée de cuir noir, il ne quitte pas le boîtier de vitesse. Accélérations soudaines et impatientes. Coups de klaxon et coups de gueule. La départementale 14, ce matin-là, ressemble plus à un circuit annexe des 24 heures du Mans qu'à une petite route tranquille, qui mène en Normandie.

Elle à l'avant, Vincent G. à l'arrière, ils cherchent dans le paysage les correspondances avec *Agatha*, s'extasient devant une bâtisse qui pourrait être l'hôtel du fleuve, sauf qu'il n'y a pas de fleuve, essaient d'apercevoir la mer, sauf que jusqu'à leur arrivée, elle ne se laissera pas voir, scrutent entre deux nuages le bleu de l'été, sauf qu'ils ne trouvent que du gris. Ils rient. Ils sont heureux. Dans la voiture rouge, ils ont tous les trois vingt ans.

Pierre T. les emmène aux Roches Noires, un ancien palace en bord de mer. Proust y vécut, chambre 111. Marguerite y fit réunir deux petites pièces avec vue sur le parking et Le Havre, au loin. Pour voir la mer, il faut aller sur le balcon et se pencher.

— Les gens qui n'ont aucun effort à faire pour la voir, n'ont pas à imaginer, dit-elle.

C'est là que depuis quelques années, Duras écrit.

S'ils ont fait le voyage, s'ils ont annulé une répétition à trois jours de la première, et ils commencent à avoir le trac, c'est parce que c'est là, dans le grand hall Art déco des Roches Noires, que Marguerite a tourné *Agatha et les lectures illimitées*.

La boîte de vitesse grince, sans crainte aucune du qu'en-dira-t-on, et elle fait un bruit épouvantable, Pierre T. se gare.

— Regardez.

Une bâtisse immense, toit d'ardoise et volets blancs, s'impose en bord de plage.

Ils passent les portes à tambour, entrent dans le hall, comme Marguerite Duras entra deux ans plus tôt avec sa caméra, quand elle filma Yann A. et Bulle O.

Bulle O. devant les larges baies vitrées, face à la mer, immobile.

Bulle O. adossée aux piliers blancs, perdue.

Bulle O. allongée dans d'immenses fauteuils club, comme noyée.

Ils errent dans le grand hall, en silence.

Chacun de leur côté.

Recueillis.

Elle s'adosse à un pilier, passe sa main sur la pierre, pense à la première, pierre de pilier, s'il te plaît, sois avec moi.

La mer presque blanche a rejoint le ciel.

Pierre T. leur demande de faire une italienne sur la plage.

Le texte, uniquement. Sans déplacement.

Derrière eux, Les Roches Noires.

Devant eux, la mer.

Entre eux, rien qui ne puisse les éloigner du sens, des intentions.

Sur la plage, ils sont Elle et Lui.

Au cœur d'*Agatha*.

Le lendemain, c'est le jour des photographes. Ce seront leurs premiers spectateurs. Parmi eux, Nicolas T., immense photographe. Il en a saisi des spectacles dans son appareil, de la Cour d'honneur du Palais des Papes à Avignon aux tout jeunes Amandiers à Nanterre, du théâtre Montparnasse au théâtre de l'Odéon. Il travaille sans trépied, à main levée, développe lui-même ses négatifs et ses tirages, privilégie le noir et blanc. Un poète. Pour le dossier de presse, Pierre T. ne gardera que ses images.

— Les plus belles, et de loin.

Le spectacle se termine, Nicolas T. applaudit.

— C'est bon signe, les rassure Pierre T., se rassurant par la même occasion.

Depuis une semaine, le trac les gagne tous les trois chaque jour davantage.

Le jour de la première, ils arrivent au théâtre à quinze heures, tremblants, les tripes en vrac.

Emmanuel D., aussi, arrive tôt pour prendre son tour de garde dans le petit guichet en bois de l'entrée. Il leur apporte leur premier bouquet. Une trentaine de roses blanches, une par représentation, que Pierre T. a fait livrer à chacun. Une heure plus tard, ils reçoivent les premiers télégrammes, qui leur souhaitent tout ce que l'on peut souhaiter un jour de première. Le succès. Le succès. Le succès. Sur le télégramme, en gras, le mot qui ne se dit pas mais que l'on dit quand même, un mot qui date du temps où les spectateurs arrivaient en carrosse au théâtre. Plus il y avait de crottin devant l'entrée, plus, en déduisait-on, le public était nombreux, et donc, le spectacle, un triomphe. Quelquefois, sur le télégramme, il n'y a que la lettre M suivi de quatre points.

Merde.

Le lever de rideau, qui n'en est pas un, puisque qu'il n'y a pas de rideau de scène au théâtre Essaïon, est annoncé pour vingt heures trente.

Le temps passe si bizarrement un jour de première. Quelquefois trop lentement, il n'est que dix-sept heures. Quelquefois trop vite, plus que trois heures, mon Dieu ! Parce qu'un jour de première il arrive que tout à coup, on devienne croyant.

Ils regardent leur montre, cent fois. S'échauffent la voix, *gros gras grand grain d'orge, quand te dégros-gras-grand-grain-d'orgeras-tu ?*, le corps, même si le cerveau, ce jour-là, a bien du mal à se faire œuf au plat dans une poêle à frire. Ils entrent et sortent de la loge. Vont interroger Emmanuel D. dans la guérite en bois, s'assurent qu'il y aura des spectateurs, et une fois rassurés, se demandent s'ils ne préfèrent pas qu'il n'y en ait aucun.

— La salle est pleine, leur annonce-t-il, solennel.

Ils lisent et relisent les télégrammes qu'à peine reçus ils ont affichés au mur. En répètent les encouragements comme des mantras. Tout à coup ils sont pris d'un doute immense, et si leurs auteurs se trompaient ?

Ils montent sur le plateau, vérifient dix fois la mise en place des draps sur les fauteuils, le théâtre Essaïon n'a pas les moyens d'avoir un régisseur en dehors de la durée du spectacle, vérifient dix fois la disposition des sacs de voyage, qu'ils ne soient ni trop près, ni trop loin l'un de l'autre.

Ils retournent dans la loge, reprennent les exercices, je me dégros-gras-grand-grain-d'orgerai, quand tous les gros gras grands grains d'orge se seront dégros-gras-grand-grain-d'orgés. Mon Dieu, et ils sont plus croyants que jamais, faites que je ne savonne pas. Que je n'ai pas de trou. Un trou ? le cauchemar. Ils se regardent dans la glace, concentrés, essaient d'oublier tout ce qui pourrait arriver, la soudaine perte de mémoire, le balbutiement, l'accroc sur un mot, mais soudain, pris d'un doute insupportable, plus insupportable encore que les précédents, ils se lèvent, la nausée, et courent aux toilettes.

À force d'attendre, il est vingt heures.

Pierre T. frappe à la porte de la loge. Lui aussi a les tripes en vrac. Il apporte un livre et une carte à chacun. C'est la tradition, les jours de première, on offre un cadeau avec un petit mot. Eux aussi ont quelque chose pour lui.

Il donne les dernières consignes. Qu'ils n'oublient pas qu'Elle et Lui ont passé des heures à essayer de se convaincre l'un l'autre, qu'ils sont épuisés.

— Et malgré la douleur, la fatigue, parlez suffisamment fort. N'oubliez jamais le spectateur du dernier rang.

— Oui, Pierre.

Combien de fois le leur a-t-il répété ?

Emmanuel D. vient les avertir :

— J'ouvre la salle, je fais entrer les spectateurs.

Il croise ses doigts de mains, de pieds, tout va bien se passer.

Pierre T. les laisse se concentrer.

— À tout de suite.

À nouveau seuls, et maintenant que c'est inéluctable, qu'il va bien falloir y aller, dire le texte devant une centaine de personnes, mais il n'y en aurait que deux ce serait pareil, ils ressemblent à deux boxeurs avant de monter sur le ring. La même envie d'y aller, et celle de partir en courant. S'il pouvait y avoir une catastrophe, un tremblement de terre, une guerre civile, quelque chose qui ferait que tout à coup tout s'arrête, rien ne puisse commencer, et surtout pas le spectacle.

Vingt heures vingt-cinq.

Toujours pas de guerre civile, ni de tremblement de terre.

Ils sortent de la loge. Le ring n'est pas loin.

Pierre T. les attend, leur dit le mot qui ne se dit pas, les serre dans ses bras. Fort. Longtemps. L'aventure que c'est de faire du théâtre. Ce bonheur. Ce partage. Cet engagement aussi, parce que sinon, à quoi bon ?

Vingt heures trente.

Emmanuel D. les prévient, il laisse quelques minutes de sursis aux retardataires.

Mais après, s'il n'y a eu ni tremblement de terre, ni guerre civile, il va falloir y aller.

Emmanuel D. revient.

Il n'y a eu ni tremblement de terre, ni guerre civile.

Il faut y aller.

Noir salle.

Lumières plateau.

Vincent G. entre en scène.

Elle, reste figée sur place.

Vincent G. enlève les draps blancs sur les fauteuils.

Elle, ne peut faire un pas, tétanisée.

Pierre T. lui fait signe, il faut y aller.

Elle ne peut pas.

Il faut y aller.

Il s'approche, la pousse, doucement, mais la pousse quand même.

En scène.

Sur le plateau, le plein feu l'éblouit, l'isole des spectateurs.

Elle s'adosse au mur du fond, cherche sur la pierre le souvenir des Roches Noires, pierre de pilier, s'il te plaît, sois avec moi, le retrouve et, le retrouvant, entre dans la villa Agatha.

Elle est Agatha.

*Vous aviez toujours parlé de ce voyage. Vous aviez toujours dit qu'un jour ou l'autre l'un de nous deux devrait partir.*

À jardin, Vincent G. est en larmes.
Silence.
Il se redresse, retrouve des forces, n'abandonnera pas.
Il n'abandonnera jamais.
A-t-elle oublié ?
Ils sont seuls, un matin sur la plage. Un après-midi, près du fleuve. L'hôtel. Le piano noir.
Elle ne peut pas avoir oublié. Ces souvenirs, ce sont eux.
Et cet après-midi-là :

— *Il entre dans la chambre hallucinatoire. Il croit qu'elle dort.*
— *Elle ne dort pas.*
— *Je la regarde. Le sait-elle ?*
— *Elle le sait.*
— *Elle ne sait pas qui c'est peut-être ?*
— *Si, elle connaissait le son de votre pas. Elle savait qui avançait dans la chambre.*

Elle voit bien, elle n'a pas oublié.

En coulisses, Pierre T. veille sur chacune de leurs répliques, chacun de leurs déplacements. Il est tantôt Lui, tantôt Elle. Tout à coup, il se fige. La panique. Ils ne suivent pas sa mise en scène. Ils ne sont pas là où il leur a demandé d'être. Et sa lumière ? Sa lumière d'hiver, qu'il a passé des soirées entières à régler. Qu'il se calme, c'est un détail. Passons. À la valse de Brahms, justement. Il fait signe au régisseur, c'est le moment de baisser l'intensité des projecteurs, isoler les deux acteurs.

Concentré, précis, Pierre T. orchestre chaque changement de lumière, chaque top musique. Pendant les silences, et Dieu merci, Vincent G. et elle les respectent, Pierre T. qui est devenu, le temps de cette première, croyant, lui aussi, tend l'oreille, écoute la salle, à l'affût du moindre bruit. Pas un mot. Pas une quinte de toux. Pas un grincement de chaises, ni de dents.

— *Cet été était-il aussi beau que nous le disons ?*
— *Oui. C'était un été admirable. Le souvenir en est plus fort que nous qui le portons… Que vous, que vous et moi ensemble devant lui.*

Pierre T. fait signe au régisseur. Baisser la lumière. Ne garder qu'un seul projecteur. Sur le visage d'Agatha.

*C'était un été plus bleu que toi, plus avant que notre beauté, que mon corps, plus doux que cette peau sur la mienne sous le soleil, que cette bouche que je ne connais pas.*

Le projecteur s'éteint, doucement.
Noir.
Silence.
Très long silence dans la salle.
Trop long. Pierre T. s'inquiète. Ont-ils détesté ?
Vont-ils prendre leur sac, leur veste, se lever et partir ?
Personne ne part. Il faut juste un peu de temps avant de pouvoir quitter la villa Agatha, la valse de Brahms, la robe bleu nuit sur le sol dans la chambre hallucinatoire.

Un peu de temps, avant de pouvoir retrouver la vie où on l'avait laissée avant que le spectacle ne commence.

Quelques secondes encore, et la salle applaudit. Longtemps. Cette fois ce n'est pas trop long.

De retour dans la loge, Vincent G. et elle, à l'affût toujours des moindres imperfections, énumèrent celles de la représentation.

— La musique a démarré trop tôt, tu ne trouves pas ?

— Si. Pourquoi tu es sorti avant ?

— Pour aller dans la chambre d'Agatha.

— Ça m'a surprise.

— Mais c'était juste, non ?

— Je crois, oui. En tout cas, moi, j'ai préféré cette représentation à la répétition d'hier, pas toi ?

— Si.

La grâce de la première.

En revanche, et le mot d'ordre court de théâtre en théâtre dès qu'un spectacle démarre, il faut se méfier de la deuxième, éviter d'y inviter des journalistes, des gens du métier, des mauvaises langues, ce n'est souvent pas la meilleure.

Pierre T. frappe.

— Je peux entrer ?

— Oui.

Il les serre dans ses bras. Il est content. Vraiment content.

— Tu pleures ?

Il pleure, il rit, il ne sait plus.

Mais eux, surtout, étaient contents. Eux, les spectateurs. Vraiment contents, répète-t-il en boucle. Pas une mouche ne volait. On se demande d'ailleurs comment une mouche aurait pu entrer dans la salle sans réserver, sans billet. Il rit. Il pleure. Il rit. Tout à coup, il ne rit plus. Ça lui revient. Il n'a plus l'air content du tout. Il demande à Vincent G. :

— Pourquoi tu es sorti ? Tu m'as fait une de ces peurs, je me suis demandé ce qui arrivait.

Vincent G. bredouille, pique du nez dans ses chaussures, s'occupe de ses lacets, quelle manie il a de toujours les enlever de leurs œillets. On n'offre pas d'œillets au théâtre, ça porte malheur.

Ils en reparleront demain. Pierre T. a pris des notes. Rendez-vous à dix-sept heures. Notes. Raccords. Italienne.

Il les prévient, il sera là tous les soirs, ne les lâchera pas. Il ne l'avoue pas, aucun metteur en scène ne l'avoue, il aurait préféré que les répétitions ne finissent jamais.

Dans le hall, une vingtaine de spectateurs.

Des anonymes, qui hésitent, puis finalement trop impressionnés, partent sans dire un mot.

Des moins timides, qui osent, excusez-moi mais c'était magnifique, bravo, merci.

De la famille.

Les parents de Vincent G.

Son père qui ne dit rien, le théâtre ce n'est pas ce qu'il avait voulu, ni prévu pour son fils. Sa mère.

— Tu es tellement beau, lui dit-elle en essuyant une larme dans la manche de sa veste en tricot, tellement beau.

Le frère le plus proche. C'est la première fois qu'il la voit sur scène, qu'il la regarde être quelqu'un d'autre. Il la reconnaît et ne la reconnaît pas. C'est elle et ce n'est pas elle. Mais attention, ce sera toujours sa sœur. Il la prend dans ses bras, sa tête blonde contre la sienne, sa tête dure, affectueuse, tellement affectueuse. Il sourit, lui glisse à l'oreille que c'est la meilleure, la plus belle, la plus émouvante de toutes. Elle sent le souffle chaud de sa tendresse descendre le long de son cou jusqu'à son cœur.

— Et la pièce ? lui demande-t-elle.

— La pièce...

Dans le hall, on parle fort.

Des théâtreux passionnés qui connaissent l'œuvre de Duras sur le bout des doigts, qui s'enthousiasment. Des théâtreux aigris qui comparent, s'agitent, moi j'ai vu ci, moi j'ai vu ça, qui parlent distribution, mise en scène, dramaturgie.

Des copains.

Ceux qui ont adoré.

Ceux qui ont détesté.

Ceux qui n'en pensent rien.

— On va boire un verre ? propose l'un d'entre eux.

Dans ce brouhaha, elle n'a pas entendu ce que son frère le plus proche a répondu.

Emmanuel D. baisse la grille du théâtre.

Un bruit énorme dans la nuit.

Rideau.

Dans la rue, on parle fort, on est d'accord, on ne l'est pas, on rit, on s'engueule, on s'en réfère à tel acteur et à telle mise en scène, on lève les yeux au ciel, et tout à coup, on découvre les milliers d'étoiles qui, certains soirs, couvrent le ciel de Paris. Le bonheur. La passion. L'amitié.

On entre au bistrot du coin. On accepte la première table venue, on rajoute des chaises, on s'installe comme on peut. On commande des frites et des pichets de vin.

Pierre T., sa compagne, Catherine S., et ses bagues, et ses broches, et ses hauts de soie noire, dînent à une table voisine, entourés de vieux copains. Ils se connaissent tous depuis si longtemps, pour quelques-uns, depuis le cours d'art dramatique. Ils en ont joué des pièces ensemble, remporté des succès, essuyé des fours, enchaîné des tournées.

Les vieux copains ont adoré le spectacle.

Ils se tournent, nostalgiques, vers cette bande de jeunes acteurs à la table d'à côté, qui, déchaînée, rivalise de passion, de rires, d'indignations.

Au même moment, au théâtre du Rond-Point, Marguerite Duras termine une répétition de *Savanah Bay* avec Madeleine R. et Bulle O.

Un papier tombe dès le lendemain de la première, dans le journal *Le Matin*. C'est sa toute première critique. L'attachée de presse, jeune et verte encore dans le métier, qu'on appelle Pom' un point c'est tout, sans penser à mal, ou plutôt sans penser du tout, lui a téléphoné pour qu'elle achète le journal.

La critique est catastrophique. Surtout pour elle.

Elle est anéantie. Comment retourner sur un plateau avec une critique pareille ? Comment passer la porte du théâtre, de l'Essaïon et de tous les autres, puisque à lire cet article, le théâtre n'est pas fait pour elle ? Comment regarder Vincent G. en face ? qui, rescapé chanceux, est encensé par le journaliste. Comment parler encore à Marguerite Duras ? Une fois sa première passée au théâtre du Rond-Point, elle devrait venir les voir, ou plutôt, venir l'entendre saccager son texte. Et Pierre T. ? Comment ?...

Elle n'a pas le temps de se poser la question, le téléphone sonne. C'est Pierre T. justement. Il est furieux. Pas furieux contre le journaliste, furieux contre elle. Il va falloir qu'elle se ressaisisse.

— Se ressaisir comment ?

Ils verront ça au théâtre, qu'elle arrive le plus tôt possible.

Elle arrive à seize heures, la tête basse. Si elle pouvait disparaître, que la terre s'ouvre tout à coup. Si le tremblement de terre qui n'avait pas eu lieu la veille pouvait avoir lieu maintenant, là, tout de suite, dans dix secondes, pas plus, détruisant tout sur son passage, à commencer par le théâtre Essaïon.

Pierre T. l'attend dans le hall.

Dès qu'il l'aperçoit, il se précipite vers elle.

Elle s'attend au pire. Pierre T. est capable, lui aussi, de grandes envolées atrabilaires. Ils en ont été témoins quand cette pauvre Pom' s'était emmêlé les pinceaux dans les horaires, et l'avait envoyé faire une interview avec une heure de retard.

— Mais ma pauvre (il n'avait même pas daigné se souvenir de son prénom) tu es complètement stupide ? Tu te rends compte du nombre de spectateurs que tu nous as fait perdre avec ton incompétence ? Tu tiens vraiment à faire couler le spectacle ?

Sa fureur avait éclaté, pétaradante, avec autant d'envergure que le boîtier de vitesses de sa voiture sur la départementale 14.

Elle s'attend au pire sauf que, dans le hall du théâtre Essaïon, Pierre T. l'accueille, tout sourire.

Elle ne comprend plus.

Une deuxième critique vient de tomber, dans *France-Soir*. Dithyrambique. Pour elle, en particulier.

Elle n'en revient pas. Si le tremblement de terre pouvait attendre quelques jours maintenant, voire quelques décennies, ou ne jamais avoir lieu, ça ne serait pas de refus.

Dans le hall, Pierre T. la serre dans ses bras. Longtemps. L'embrasse sur une joue, sur l'autre. Mais rien de plus. Jamais. Contrairement à un autre professeur de l'école, et c'était notoire, Pierre T. n'a jamais franchi les limites de son rôle de pédagogue, ni de metteur en scène.

L'autre professeur, en revanche, ne se gênait pas. Il invitait ses élèves filles chez lui, le soir, leur conseillant vivement d'accepter l'invitation et de venir seule. Pour travailler. Approfondir une scène. Ou parler du spectacle qu'il avait en projet de monter en fin d'année. Comment le directeur de l'école avait-il pu accepter un projet pareil, *Histoire de l'œil* de Georges Bataille ?

Il leur servait un verre, leur demandait de se déshabiller, les prenait en photo pour, se justifiait-il, et sans aucun scrupule, enrichir sa réflexion sur l'esthétique du spectacle. Bien entendu, celles qui acceptaient augmentaient leurs chances de participer au projet.

Pendant ses cours, il n'y avait pas de scène sans gifle, sans baisers interminables entre les partenaires, fille garçon, fille fille, garçon garçon, il n'était pas regardant, pas de cours sans mains dans les pantalons ou les culottes. Une de ses élèves termina son année en hôpital psychiatrique. La direction de l'école n'en tira aucune conclusion. Le professeur ne fut jamais inquiété.

La critique de *France-Soir* est bonne ? C'est vrai ? Vraiment vrai ? Elle n'en revient pas. Elle ne comprend pas, comment, en l'espace de deux articles, une actrice peut passer de soporifique et mauvaise à vibrante et merveilleusement libre.

Elle reprend son sac, sa fidèle sacoche de facteur, qu'elle avait laissé tomber pour embrasser Pierre. Il pèse moins que tout à l'heure. Elle va pouvoir entrer au théâtre, regarder Vincent G. dans les yeux, monter sur scène, être Agatha.

Les jours suivants, de grandes signatures de la critique théâtrale viennent voir le spectacle.

Les articles tombent, ils sont unanimes :

*Ces deux jeunes acteurs distillent cette sonate avec un tact bouleversant.*

Elle arrive au théâtre une heure avant le début du spectacle. Vincent G. est déjà là, depuis deux heures.

Concentré, il arpente le plateau de long en large. Cogne les murs avec ses poings. Hurle, pleure, crie. Un casque sur les oreilles, il écoute en boucle un morceau sinistre, le plus sinistre qu'il ait trouvé. Il cherche la douleur. Tous les jours il la cherche. Se bat pour la trouver.

Y en a-t-il un des deux plus sérieux, plus professionnel, plus talentueux que l'autre ?

Dustin Hoffman ? Laurence Olivier ?

Vincent G. et elle refusent de trancher, ils se respectent. Se respecteront toujours.

Tous les soirs, avant le spectacle, Pierre T. vérifie les projecteurs, la mise en place des draps blancs sur les fauteuils, des sacs de voyage sur le plateau, et cale la bande son.

Il frappe à la porte de la loge. Ont-ils besoin de quelque chose ? De miel ? De chaud ? De froid ? Un verre de bordeaux ?

Non, rien. Merci, Pierre.

À dix-huit heures pile, Emmanuel D. s'installe dans la petite guérite de l'entrée. Le téléphone sonne sans discontinuer.

Le théâtre Essaïon ne désemplit pas.

*On va voir* Savanay Bay *au théâtre du Rond-Point avec Madeleine R. et Bulle O., et on va voir* Agatha *dans un petit théâtre du Marais, avec deux jeunes inconnus,* écrit un journaliste de renom.

Une fois sa première passée, Marguerite vient assister à une représentation d'*Agatha*. Après le spectacle, elle saute dans un taxi rejoindre Madeleine R. et Bulle O. au théâtre du Rond-Point. Pour savoir ce qu'elle a pensé de leur travail, il leur faudra patienter jusqu'au lendemain, qu'elle téléphone à Pierre T., attendre ce qu'elle dira d'eux, trois jours plus tard, dans un journal télévisé.

On leur consacre une chronique en fin de journal du soir. Ils sont filmés en jean et baskets arrivant au théâtre, puis sur le plateau, en costumes blancs :

*— Le bruit de la mer entre dans la chambre, sombre et lent. Sur votre corps le dessin photographié du soleil. Les seins sont blancs et sur le sexe il y a le dessin du maillot d'enfant.*

*Je le regarde longtemps. Le sait-elle ?*

*— Elle le découvre.*

En fin de chronique, la voix de Marguerite Duras :

— Ils peuvent tout dire, ces deux-là.

Chaque soir, le théâtre Essaïon affiche complet.

À la sortie, on les attend émus, bouleversés.

Son père vient la voir. Il déteste. Il dit Marguerite Duraze. Rasoir. Ennuyeux à mourir.

— Et sinon ?

— Rien. Que veux-tu que je te dise ?

Le sujet. La pièce, peut-être ?

Rien à dire. Du vent, du vide. Il l'emmène dîner, tout de même, il est fier de sa fille.

Un mois plus tard, alors que tous les soirs la salle est pleine à craquer, ils doivent arrêter le spectacle, et laisser le plateau, la loge, la petite guérite en bois de l'entrée, le régisseur qui un soir sur deux arrive ric rac et donne des sueurs froides à Pierre T., à la production suivante. C'est la règle dans le subventionné. On respecte la programmation.

Le 22 octobre, c'est la dernière. La mort dans l'âme, ils rangent les costumes, les draps blancs dans des cartons, les fauteuils dans un coin. Ils les récupéreront le lendemain.

Deux semaines plus tard, le directeur du théâtre contacte Pierre T. Le spectacle suivant ne marche pas. À dix-huit heures, quand le téléphone sonne, on appelle pour venir voir *Agatha*.

Seraient-ils d'accord pour reprendre le spectacle ?

Bien sûr qu'ils seraient d'accord.

Ils retournent en courant au théâtre Essaïon dès la semaine suivante. Fous de joie. Retrouvent les draps blancs, les fauteuils en rotin, qui sagement ont attendu dans leur coin, le régisseur qui promet de faire des efforts et d'arriver à l'heure, la loge humide et collective, les odeurs de cuisine, et Duras, dans son texte.

Ils resteront quatre mois encore dans le petit théâtre du Marais.

Ne le quitteront que pour Marseille, et son magnifique théâtre de la Criée, neuf d'à peine deux ans.

On leur a réservé deux chambres gigantesques dans un ancien palace sur la Cannebière. Dans les salles de bains, les baignoires vomissent en hoquetant une eau marronnasse. Il y a des rats dans les couloirs, de l'argenterie au petit déjeuner, des couvertures douteuses, et un service impeccable.

— Bonjour mademoiselle, avez-vous fait bon voyage ?

Elle est subjuguée.

Jamais encore elle n'a été dans un endroit pareil. Six enfants, on ne vous emmène pas plus manger des gâteaux dans les pâtisseries que passer des vacances dans les palaces, même au bord de la décrépitude.

Au théâtre, ils ont chacun leur loge. Une loge impeccable. Pas d'odeur de cuisine, ni de bruit pouvant nuire à leur concentration. Un miroir immense, des lampes tout autour, de quoi se maquiller le plus précisément possible, même s'ils ne se maquillent ni l'un ni l'autre. Chaque jour, leur costume est lavé, leurs chaussures, cirées. Un régisseur, sur place au moins deux heures avant la représentation, vérifie le tombé des draps blancs sur les fauteuils, et au centimètre près, la position des sacs de voyage sur le plateau.

Dans les retours une voix fait le décompte :

*Agatha,* début du spectacle dans trente minutes.

*Agatha,* début du spectacle dans dix minutes.

Mesdames et messieurs les acteurs, en scène s'il vous plaît.

En coulisse, une habilleuse, une brosse à la main, au cas où, vérifie les boutons, les fermetures Éclair, l'ourlet de la jupe, les plis du pantalon, et leur glisse à l'oreille :

— Un gros M****.

Délicieuse Claudine.

À Marseille comme à Paris, le théâtre est plein, la presse unanime, curieuse une fois encore de ce nouveau texte de Duras, porté sur scène par deux jeunes inconnus.

Après Marseille, on leur propose de reprendre le spectacle au théâtre du Rond-Point.

Là où tout a commencé.

Là où ils ont rencontré Duras.

Ils sont au paradis.

Madeleine R. et Jean-Louis B. en sont encore les directeurs. Jean-Louis B., elle croit rêver. Le Baptiste, des *Enfants du paradis,* justement. Elle se jure d'être pour lui Arletty et Maria Casarès réunies.

Elle pense quelquefois à Michel A., ses encouragements, ses mises en garde, ses conseils, la voix grave, plus grave encore, les *é* ouverts et les *é* fermés, ses exigences, le travail toujours le travail, dis-moi gros gras grand grain d'orge, son intuition, vous, ce ne sera pas avant quarante ans, puis elle l'oublie. Saura-t-il seulement qu'elle a créé *Agatha* ? Elle ne fera rien pour le lui apprendre, ni lettre, ni appel téléphonique. Pardon Michel A., elle a vingt-deux ans, elle ne veut pas regarder en arrière. Pas encore.

Le veille de la première, même s'ils ont déjà joué le spectacle des dizaines et des dizaines de fois, Pierre T. veut répéter. Il voudrait répéter toujours.

Ils sont sur le plateau de la salle Tardieu du théâtre du Rond-Point.

— Une dernière improvisation : vous arrivez à la villa Agatha où vous n'êtes pas retournés depuis des années.

Elle propose d'y arriver la première.

Monte dans la salle, tout en haut des gradins.

Dévale les escaliers. Ceux de la salle Tardieu, ceux de la villa Agatha.

Court.

Impatiente.

Court sans regarder, ni le passé, ni le futur, ni derrière, ni devant.

Ne voit pas la marche.

Quelle marche ?

Tombe.

Saleté de marche.

Saleté d'obstacle.

Médecin, radios, diagnostic, fracture, clinique, plâtre. Béquilles.

On annule ?

Pas question.

Pas question non plus de jouer *Agatha* avec des béquilles.

Agatha n'a pas de béquilles.

Elle préfère jouer avec une une canne. Préfère boiter, même si le médecin lui prédit des séquelles.

Quelles séquelles ?

Jamais, elle n'aura de séquelles. N'en a jamais eues, n'en aura jamais.

Longtemps, c'est ce qu'elle croira.

Un jour pourtant, les blessures ressurgissent.

Pierre T. accepte la canne.
Les spectateurs imaginent un choix de mise en scène.
Après la première, le théâtre organise un verre.
Elle est trop fatiguée pour pouvoir rester. Jamais elle ne saura si Baptiste a aimé Agatha.

Son père revient voir le spectacle.
Chaque fois que sa fille jouera, quels que soient les événements heureux ou douloureux qu'il traversera, il viendra la voir, fidèle et fier.
Il ne change pas d'avis. Duraze, rasoir.
Il l'emmène dîner.
Il ne parle toujours pas de la pièce.
Il ne voit vraiment pas ce qu'il pourrait en dire.
Vraiment, papa ? Tu ne vois pas ?

Pourtant, l'année suivante, quand elle est Lucille du *Bourgeois gentilhomme,* il voit quoi en dire. La musique de Lully, les vers de Molière, sa finesse, son humour. L'année d'après, quand elle est la princesse de *Tête d'Or,* il voit aussi. Le souffle de Claudel, ses tensions, ses contradictions, sa poésie.
En tout cas, il préfère.
Préfère-t-il Molière et Claudel ? Ou préfère-t-il ne rien voir des personnages d'*Agatha* ?
Qui sont, papa ?
Qui sont ?

Elle est à Lyon avec *Le Bourgeois gentilhomme,* Vincent G. est à Strasbourg avec *Le Mariage des morts.*

Elle est à Bruxelles avec *Tête d'Or*, Vincent G. est à Lyon avec *Georges Dandin*.

Deux ans passent.

On leur propose de reprendre *Agatha* au festival d'Avignon.

Avignon avec Duras, ils sont fous de joie.

Vincent G. a un projet de film, mais ses dates de tournage restent compatibles avec celles du festival.

Tout va bien.

Et puis l'acteur principal du film a un accident.

Le tournage est décalé.

Vincent G. est obligé d'abandonner *Agatha*.

C'est un déchirement.

Créer un rôle, avoir été le premier à lui donner un visage, un corps, et tout ce qu'on a à l'intérieur, ses joies, ses douleurs, celles dont on se souvient et celles qu'on a oubliées, celles qu'on n'a jamais éprouvées et qu'on va chercher loin, très loin, et devoir le quitter pour le laisser à un autre, c'est un déchirement.

Combien de nuits, pour en être plus proche, Vincent G. a-t-il passées dans les bars à boire ce qu'il y a de plus fort ?

Combien d'heures à écouter Rachmaninov, à rassembler en lui tout ce qu'il y a de plus sombre et de plus tumultueux.

Combien de murs, ceux du théâtre, ceux de son appartement, a-t-il cognés à mains nues ?

Une fois, il casse tout chez lui. Il devient fou de ne pas trouver ce qu'il cherche.

Il demande de l'aide à l'un de ses professeurs au Conservatoire.

— Comment trouver la douleur ? Dites-moi. Comment ?

— Mon pauvre Vincent, répond le professeur, désespéré, lui aussi, ne sachant sans doute comment faire. Criez. Attendez. Et écoutez l'écho.

L'écho ?

C'est un déchirement.

En laissant le rôle à un autre, Vincent G. lui abandonne ses mains blessées, ses doutes, les réponses qu'il n'a pas trouvées, l'écho qu'il n'a pas encore entendu.

Il cède sa Marguerite Duras. Celle qu'il a comprise, aimée.

— Je l'ai tellement aimée.

Trente ans plus tard, il est devenu un acteur accompli, magnifique, directeur de théâtre, metteur en scène :

— Et je l'aime encore.

Il sourit, les yeux toujours noyés de blessures, peut-être moins profondes, avec les années.

— J'aime ses personnages qui acceptent d'être engloutis, détruits par amour.

Chaque soir de première, il offre *Les Petits Chevaux de Tarquinia*.

— Pour les Campari sur la plage, la chaleur, la nonchalance, la catastrophe qui arrive et qu'on laisse arriver.

Se perdre par amour.

Vincent G. avait imaginé reprendre *Agatha* une fois tous les cinq ans. La pièce aurait ponctué leur vie d'actrice et d'acteur, accompagné leur vie de femme et d'homme. Un jour, ils auraient atteint l'âge des personnages, l'auraient dépassé, et des années plus tard, auraient choisi de les laisser à d'autres.

Ils déjeunent ensemble dans un restaurant pas loin du théâtre Essaïon.

— Tu connais cette anecdote de Marguerite Duras, qui est dans un aéroport, en Asie ?

— Non.

— Un serveur lui apporte un café, elle se tourne pour le remercier, renverse la tasse sur sa jupe. Elle annule tout. Son départ, son voyage, reste à l'aéroport, les vêtements tachés de café.

Pendant des années, Vincent G. restera loin d'elle, les vêtements tachés de regrets, jusqu'à ce qu'un jour Emmanuel D. les appelle, pour qu'elle et lui se retrouvent sur un plateau.

Sur le tournage d'une série dont elle tient le rôle principal, qu'elle a acceptée ne mesurant pas la médiocrité de la chose, mais pas mécontente de plutôt bien gagner sa vie, elle rencontre Samuel L.

Samuel L., sans doute pour les mêmes raisons, a accepté d'endosser le rôle de son mari. Pendant les scènes d'amour plus que rudimentaires, pour l'aider à cacher sa nudité, il se prête à un jeu de draps désopilant. Elle le trouve adorable.

Elle le présente à Pierre T.

Samuel L. sort du Conservatoire national. Un visage parfait. Des yeux de maharadja, et dans la voix des inflexions parfois au bord du gouffre. Parce que c'est trop ? Trop d'émotions ?

Pierre T. ne tergiverse pas, comment tergiverser devant Samuel L. ? Il l'engage sur-le-champ.

Samuel L. sera Lui.

Avignon.

À peine descendus du train, ils tirent leurs valises jusqu'au 13 rue de La Croix, jusqu'au théâtre de La

Condition des Soies, qui, comme le théâtre Essaïon, accueille une centaine de spectateurs.

Ils retrouvent les fauteuils en rotin, les sacs de voyages, et dans les malles, les draps blancs. Seuls les costumes ont changé. Blancs, toujours, mais cette fois, Pierre T. a voulu du lin, pour lui, un coton léger pour elle. Transgressant les didascalies de Marguerite, Pierre T. pense avant tout au confort de ses acteurs. Il fait si chaud à Avignon.

Au mois de juillet, Avignon n'est que théâtre. Du matin jusqu'à tard dans la nuit. Partout. Dans un jardin, un garage, une ancienne usine, une cave, une église.

Après la représentation, Samuel L. et elle prolongent la soirée avec un dîner sous les platanes, ou courent assister à d'autres spectacles. Un Claudel inoubliable dans la Cour d'honneur du Palais des Papes. Une nuit de drame et d'amour. Le soleil se lève, on applaudit. Ils en sortent, éblouis.

Et puis il y a les copains, ceux du Cons' et ceux de la Rue Blanche. Ils les croisent dans la rue, ou devant une mauresque, place de l'Horloge.

— Qu'est-ce que vous jouez ?

— Duras.

— J'adore.

— Et toi ?

— Une création collective. Une chronique sur les femmes iraniennes. Vous viendrez ?

— Bien sûr qu'on viendra.

Ils ne se quittent pas de la journée. Ils font tout ensemble. Le théâtre, les dîners, les spectacles, les copains, les courses pour l'appartement qu'on leur loue, un grenier immense avec deux lits l'un à côté de l'autre, si proches que le soir, avant de s'endormir, ils pourraient se donner la main.

Ils pourraient, mais ils sont trop timides encore pour le faire.

Le mois de juillet passe en un clin d'œil.

À Avignon, c'est un autre *Agatha*, mais les critiques restent unanimes, les salles, combles.

On fait la queue devant le théâtre de La Condition des Soies, et le jour de la dernière, ils refusent du monde.

Pierre T. ne les quitte pas des yeux à la scène comme à la ville. Il les voit venir. Ils tombent amoureux.

De retour à Paris, ils décident d'habiter ensemble.

On leur sous-loue un appartement immense, dans le seizième arrondissement. Un grand salon, peu de meubles, ils sont bien trop fauchés pour en avoir plus, une table en rotin pour douze qu'on a bien voulu leur laisser et qu'ils ont volontiers acceptée imaginant tous les copains à inviter, des bancs, des draps en lin blancs, anciens, récupérés dans le grenier à Avignon.

S'ils avaient pu, ils n'auraient pas quitté la villa Agatha.

Samuel L. lui fait découvrir les grands airs d'opéra, le jazz.

— Ella Fitzgerald, tu aimes ?

Elle ne connaît pas. À part Nougaro, il n'y a jamais eu de place pour la musique dans sa tête.

— De place ?

Il ne comprend pas. Elle pourrait lui expliquer ?

Elle ne peut pas. Pas maintenant. Pas encore.

Tu me diras plus tard. Viens. Viens plus près, et reste.

Dès qu'il peut, il va la voir sur les plateaux de tournage.

Dès qu'elle peut, elle le rejoint quand il part en tournée.

On les invite à des soirées, des dîners dans les restaurants à la mode, venez, leur dit-on, vous rencontrerez des gens importants pour votre carrière.

Ils restent chez eux, tous les deux ensemble, ils préfèrent. Ils allument des bougies dans l'appartement immense, écoutent *Norma*, « Casta Diva », la Callas.

La Callas, elle connaît.

Un moment, elle pense à Michel A., tout ce qu'il lui a donné, et puis, ingrate une fois encore, l'oublie.

Ils ont ouvert une bouteille de vin, un grand cru. Samuel L. aime ce qui est raffiné et hors de prix.

— Comme toi ! Comme toi ! s'égosille-t-il, blagueur.

Samuel L. ne manque jamais d'humour.

Il l'entraîne sous les draps.

Ils fument au lit, terminent la bouteille hors de prix, se racontent ce qu'ils ont déjà vécu de leur vie, avec tel professeur, tel metteur en scène, tel copain, tel copine, tu la connais, elle ? Ils rient, font l'amour, je suis si bien avec toi, et laissent le téléphone sonner, qu'il sonne, ils répondront demain.

Pendant ce temps, la Callas chante.

Ils se promettent de ne jamais se quitter, de travailler ensemble dès que possible. Rêvent de projets de théâtre, de films, de séries, mais bien plus exigeantes que celle où ils se sont rencontrés, oui, bien plus. Ils se souviennent du tournage, ils rient.

Samuel L. enlève le drap, la découvre, elle est nue :
— Cette fois, tu ne m'échapperas pas.
Un jour, ils se marieront, ils auront des enfants.
Ils parlent prénoms. Se mettent d'accord sur le choix. S'amusent même à les appeler, pour voir, voir, comment ça fait des enfants avec toi. Ils les imaginent petits :
— Charlie, viens voir. Tu t'es lavé les dents ? C'est sûr ? Mon petit doigt me dit que non.
— Georgia ? Qu'est-ce que tu viens de dire ? C'est un gros mot ça, Georgia.
Adolescents :
— Georgia, tu as fumé ? Ne dis pas non, je suis sûr que tu as fumé. Souffle pour voir.
Et même adultes :
— Comment te dire, Charlie, garder ton chat, ton chien, et tes enfants ce week-end pour la troisième fois de suite, je ne crois pas que ça va être possible. Ton père et moi, nous avons d'autres choses à faire.
Ils s'imaginent vieux ensemble, toujours ensemble, jusqu'à la fin.
L'amour.
Bien sûr, l'amour.

Et un soir, ça lui tombe dessus.
Ça revient.
Saleté de marche.
Saleté d'obstacle.
On l'avait prévenue. Elle aura des séquelles.
Elle repousse les draps, va se cacher dans un coin sombre du salon, la tête dans les genoux. Qu'il ne la

voit pas. Qu'il ne voit surtout pas ses yeux, ils pourraient dire ce qu'elle ne veut pas dire.

Samuel L. la rejoint :

— Qu'est-ce qu'il y a ?

Il a l'air tellement désolé.

— Ça ne va pas ? On n'est pas heureux tous les deux ?

Si, ils sont heureux.

C'est elle. Elle a quelque chose qui ne va pas.

— Quoi ? Dis-moi. Tu peux tout me dire.

Sauf que ça, elle ne peut pas.

Elle s'en veut de ne pas pouvoir, de gâcher la soirée, la bouteille hors de prix, leur si délicieuses caresses, leurs fous rires, les enfants qu'ils n'ont pas et que pourtant ils voient grandir.

Elle essaie, mais elle ne peut pas.

Le lendemain, trois jours plus tard, elle essaie encore.

Chaque fois, échoue.

Reste dans l'obscurité.

Samuel L. est patient, n'abandonne pas.

— On rallume la lumière, tu veux bien ?

— Non.

Elle préfère le noir.

À cause de la honte.

— De quoi ? Dis-moi. La honte de quoi ? Parle-moi.

Elle va essayer, elle promet.

D'abord, elle ne veut pas d'enfant.

Il rit.

— Pourquoi ? Ils ne seraient pas beaux, nos enfants ? Les plus intelligents. Les plus grands, les plus forts, des géants !

Elle n'a pas envie de rire.

— Je vois ça, oui.

Il s'agenouille près d'elle, déplie ses bras qu'elle tient serrés si fort l'un contre l'autre.

— Je suis là.

Il glisse sa main dans celle qu'il parvient à atteindre.

La douceur de sa peau, son cœur qu'elle sent si proche, elle essaye encore :

— Un enfant ?… Et s'il lui arrivait ?

— Quoi ? Qu'est-ce qui pourrait lui arriver à notre enfant ?

Elle le regarde. De longues, très longues secondes, en silence. Elle trouve dans ses yeux tant d'amour, de délicatesse, qu'elle essaie une fois encore.

Essaie du mieux qu'elle peut.

Mais ne peut pas.

Pas s'il la voit.

Elle part se cacher sous la table en rotin.

Et là, loin de ses yeux, elle le dit.

Depuis sa conversation au café avec Brigitte R., elle n'en a parlé à personne.

À peine l'a-t-elle dit, il la rejoint sous la table.

— C'est un monstre. Il ne faut plus jamais que tu le revoies.

Il délace son corps sur le sol, s'étend à côté d'elle, et la garde serrée la nuit entière dans ses bras.

On leur propose de reprendre *Agatha* à Paris, aux environs de l'Opéra, au théâtre de La Potinière, rebaptisé des années plus tard théâtre de La Pépinière.

Ils acceptent, bien sûr qu'ils acceptent. Se retrouver sur un plateau, retrouver la villa Agatha, Duras. Le bonheur.

Ni Pierre T., ni elle ne prévient Vincent G.

Longtemps, lui avouera-t-il des années plus tard, de cela aussi il gardera les vêtements tachés d'amertume.

Ils jouent depuis deux semaines, on l'invite en province pour une émission de télévision. Elle prend l'avion le matin même en robe vert bouteille, achetée pour l'occasion. Pierre T., pensant lui donner ses dernières recommandations, l'accompagne à l'aéroport dans sa pétaradante voiture.

— Tu n'as pas peur, lui fait-il remarquer, à peine s'était-elle assise.

Lui, ne se risquerait jamais à porter du vert. Jamais, au grand jamais.

Catherine S. qui, elle aussi, en a joué de grands rôles, en a connu de grands auteurs, de grands metteurs en scène, les plus importants à l'époque de la création du festival d'Avignon, du TNP, de Chaillot, ne s'y risquerait pas non plus. Jamais, au grand jamais. En scène, comme à la ville. Si une costumière a l'audace de lui proposer ne serait-ce qu'un accessoire vert, elle est capable de lui renvoyer à la figure. Si un ami ou une amie, même très proche, et d'ailleurs plus il est proche plus il méritera ses foudres, ose venir la voir jouer avec une jupe, un pantalon, peu importe, même un foulard vert, elle est capable de lui dire, tu veux nous porter malheur ou quoi ? de le laisser en plan, et ne pas donner de nouvelles jusqu'à la fin des représentations.

Elle, en effet, n'a pas peur.

Un assistant de production vient la chercher à l'aéroport. Dans la voiture, il la prévient :

— Vous ne serez pas seule, il y a un autre invité. Ça ne vous fait pas peur ?

Pourquoi veulent-ils tous qu'elle ait peur ?

— C'est un auteur dont on parle.

En parle-t-on autant que de Marguerite Duras ? Et quand on en parlerait autant, a-t-il sa puissance ? Son intensité ? Sa poésie ? Aucun auteur vivant ne peut égaler Marguerite Duras. Alors non, elle n'a pas peur.

— Comment s'appelle-t-il ?

— Patrick R.

Patrick R. ? Connais pas. Jamais entendu parler.

— Il écrit des pastiches, qu'il signe Marguerite Duraille. C'est osé.

Osés, des pastiches de Marguerite Duras ?

À part son père et son Duraze, rasoir, personne ne trouve à redire à Marguerite Duras. Personne ne s'en moque. Personne ne peut oser.

Qui osera oser ?

Elle sait de quoi elle parle. Quand elle jouait la princesse dans *Tête d'Or*, quarante soirs de suite, l'acteur principal hurla *qui osera oser* ?, les spectateurs du dernier rang ne pouvaient pas ne pas l'entendre, et, hurlant, il lui postillonnait au visage, la crucifiait impitoyablement à un arbre sur la scène. Pourquoi frappait-il avec tant de violence ? Qui voulait-il abattre ? Écraser ? La princesse ? L'actrice ? La femme ? Les trois ? Quarante soirs de suite, elle pleura de douleur, mais résista, soutenant son regard, triomphante.

Elle, osait.

Alors aujourd'hui, ce n'est pas devant des caméras de télévision, devant ce Patrick R. et sa Marguerite Duraille, qu'elle se laissera abattre.

Elle présente, personne ne se moquera de Marguerite Duras.

Dans la loge maquillage, Patrick R., la lunette carrée, le cheveu long, raide et filasse, patiente sur une chaise, dans un coin.

— Il est vieux, pense-t-elle du haut de ses vingt-six ans, vieux et inoffensif.

Son livre sur les genoux, confiant, Patrick R. attend son tour. Cette gamine, cette blonde éthérée, il n'en fera qu'une bouchée.

L'assistant vient les chercher :

— Tout va bien ?

Patrick R. et elle le regardent, souriants, pourquoi ça n'irait pas ?

— On y va ? C'est l'heure.

Ils entrent dans le studio, chacun serrant son livre, chacun serrant les dents. Le journaliste les salue, les fait asseoir, l'un à sa gauche, l'autre à sa droite.

— C'est parti, leur annonce-t-il, jubilant.

Il se réjouit à l'avance.

Il les présente, comme il présenterait des chevaux de course au départ d'un grand prix du steeple-chase, mesdames et messieurs votre attention s'il vous plaît, faites vos jeux, ça va saigner, *Agatha* contre *Virginie Q.*

Elle, n'aime pas les courses de chevaux, n'a jamais aimé voir les gens dans les cafés cocher des cases et se faire plumer.

C'est Patrick R. qui part en tête. Duras, l'intellectuelle parmi les intellectuels, son style maniéré, la vacuité de ses intrigues, les pauses affectées de ses personnages.

Le journaliste est aux anges. Barres, bassins, haies, Patrick R. franchit haut la main tous les obstacles.

C'est à elle maintenant de prendre la corde. Elle rattrape Patrick R., tranquille, confiante. Barres, bassins, haies. Duras n'est pas une intellectuelle. Elle ne défend pas une idée, mais le sens, l'émotion. Quoiqu'en dise l'auteur de... elle ne prononce même pas le titre, *Virginie Q.*, ça lui écorcherait la bouche, chez Duras, rien n'est écrit au hasard. Elle sait de quoi elle parle, elle a travaillé le texte avec elle, elle a vu comme chaque mot est sujet à réflexion.

Elle est tellement sûre de Marguerite Duras.

Alors que, qui le serait de Duraille ?

Que vaut Duraille face à Duras ?

Barres, bassins, haies, tête baissée, plus confiante que jamais, elle ne s'arrête plus. Elle a vingt-six ans. Personne ne peut lui résister. Personne non plus ne peut résister à Marguerite Duras, croit-elle.

Elle se trompe.

Une semaine plus tard, elle a rendez-vous avec un célèbre metteur en scène, pour une pièce qu'il prépare. Quand ils en viennent à son actualité, au rôle d'Agatha qu'elle joue au théâtre de La Potinière, il abrège le rendez-vous, la raccompagne, lui serre la main, et sur le pas de la porte se permet :

— Rappelez-moi quand vous jouerez un véritable auteur. Je pourrai alors me figurer quelle véritable actrice vous êtes.

Attrape ça, ma petite, on verra bien si tu continues.

Barres, bassins, haies, le journaliste compte les points. Elle est, semble-t-il, en tête.

Dans un coin du plateau, un dessinateur croque les réactions d'un spectateur imaginaire, plus proche d'un personnage de Reiser que de Duras, ou même de Duraille.

Le cadreur zoome sur les croquis :

*Mon Dieu, faites qu'on revoie la blonde !*

Deux minutes plus tard :

*Honnêtement, elle est plus mignonne que Marguerite Duraille !*

Et pour conclure :

*Duraille est peut-être drôle en privé, mais je préférerais passer ma soirée avec la blonde.*

De quoi faire avancer la littérature et le théâtre, et, pourquoi pas, les courses de steeple-chase.

Le sourire plein cadre, le journaliste conclut :

— Marguerite Duras au théâtre de La Potinière à Paris, Marguerite Duraille demain en librairie, sur lequel des deux allez-vous parier ?

Jingle. L'émission est terminée.

Le journaliste, ravi, lui serre la main :

— Ça s'est très bien passé. Vous revenez quand vous voulez.

Il se tourne vers Patrick R. :

— À bientôt, j'espère.

— À bientôt.

Patrick R. n'a pas dit son dernier mot. *Virginie Q.* sera un énorme succès. Probable que cette année-là Duraille se vendra mieux que Duras. Devant la porte du studio, les deux concurrents du steeple-chase télévisuels ne se serrent pas la main, ne se promettent pas non plus de se revoir bientôt.

— Je vous accompagne à l'aéroport ? propose l'assistant.

Ils montent dans la même voiture. Elle, à l'avant, lui, à l'arrière. Il préfère être tranquille, n'être obligé de parler à personne. Regarder filer le paysage. La rocade en construction. Pas même un toit de tuiles roses. Pas même un coin de ciel bleu. C'est moche. Décidément, une matinée de merde.

— Ça s'est bien passé ? demande l'assistant.

— Très bien, répond-elle.

Patrick R. ne répond pas, il ne regrette pas sa place à l'arrière.

Dans l'avion, ils ne cherchent pas à être assis l'un à côté de l'autre.

À l'arrivée, ils ne se retrouvent pas pour prendre le même taxi.

Pas un au revoir. Pas un sourire. Rien.

Elle ne revit jamais Patrick R.

Le soir au théâtre, Samuel L., Pierre T., le directeur et l'attaché de presse l'accueillent en exultant, ne tarissant pas d'éloges sur sa prestation télévisuelle.

— Tu as été formidable !
— Ce qu'il était nul.
— Tu l'as littéralement mis à terre.
— Achevé.
Emportée par l'enthousiasme théâtral, elle exulte aussi.

Pourtant, quelques années plus tard, Patrick R., pas à terre du tout et toujours bien vivant, se portera au mieux de sa forme, prix Goncourt, Grand Prix du roman de l'Académie française.

Malgré son sans-faute télévisuel, malgré les croquis subtils et aguicheurs du dessinateur, le spectacle ne décolle pas. Les salles du théâtre de La Potinière restent inexorablement à moitié vides.
On leur propose d'autres émissions.
Mais on veut Duras.
Duras, à la télévision.
À la radio.
Dans les journaux.
Duras, sinon rien.
L'attaché de presse appelle l'auteure tant désirée.
Elle répond qu'elle ne donnera aucune interview tant qu'elle n'aura pas vu le spectacle avec le nouvel acteur.
Quand viendra-t-elle ?
Elle le fera savoir.
Deux semaines plus tard, Duras n'est toujours pas venue. Cette fois, c'est Pierre T. qui prend son téléphone. Le temps presse. Le directeur les a prévenus, s'il n'y a pas plus de monde, il arrêtera le spectacle.
Elle promet de venir.

— Quand ?

— Bientôt.

Tous les soirs, avant la représentation, Samuel L. scrute attentivement la salle à travers un trou minuscule dans le rideau de scène. Il cherche parmi les spectateurs une paire de lunettes carrées qui brillerait. Mais aucune paire de lunettes appartenant à Marguerite Duras ne brille dans la salle.

Le directeur du théâtre est venu les voir dans leur loge. Le verdict tombe. Le compte à rebours a commencé. Il ne leur reste qu'une semaine.

Six soirs de suite, Samuel L., plein d'espoir, cherche à travers le trou minuscule du rideau de scène la paire de lunettes qui brillerait dans la salle.

En vain.

Dernière représentation.

Derniers mots d'Agatha :

*Cette bouche que je ne connais pas.*

Le projecteur s'éteint.

Applaudissements.

C'est fini.

Dans sa loge, en larmes, elle décroche les télégrammes. Elle ne les relit pas, ça lui ferait trop mal. Elle range dans son sac les cartes postales, reproductions de Van Gogh, Matisse, de Staël, Monet, ces peintres que Duras admire et qui la nourrissent, la photo de la Loire qu'elle a prise en allant chez sa mère, les petits mots de première, celui du directeur, *Longue vie à Agatha au théâtre de La Potinière.* Tu parles d'une longue vie. Un mois et demi. Que sa progéniture ait une vie aussi longue que les spectacles qu'il programme. Elle est mauvaise, elle l'a mauvaise. Elle jette à la poubelle les roses blanches de Pierre T., tu parles d'un succès.

On frappe à la porte. C'est l'attaché de presse.

Duras est là.

Quoi ?

Avant la représentation, Samuel L. n'avait pas regardé à travers le trou minuscule du rideau. À quoi bon, maintenant ?

L'attaché de presse trépigne devant sa porte, voudrait être certain d'avoir été entendu. Il l'a été, répond-elle, désagréable au possible. Le jour de la dernière Marguerite Duras s'était enfin décidée à venir ?

L'attaché de presse se précipite à l'étage prévenir Samuel L., donne des coups de fil, brasse tout le vent qu'il trouve à brasser.

Duras est là.

Le directeur, déjà rentré chez lui, à quoi bon des salamalecs un soir de dernière ? des embrassades, après un flop pareil ? pris par surprise devant un de ses films préférés qu'une fois n'est pas coutume il a le temps de regarder, abandonne son magnétoscope, ses chaussons, son canapé, son whisky et les glaçons dans leur verre, enfile son manteau, et repart dare-dare au théâtre.

Duras est là.

Pierre T., fébrile, agitant ses clés de voiture comme un hochet devant un bébé turbulent, erre dans les couloirs.

Marguerite est là.

Aura-t-elle apprécié sa nouvelle mise en scène ? Parce que, qui dit nouvel acteur dit nouveau spectacle.

L'attaché de presse tambourine une fois encore à sa porte.

Si elle pouvait faire vite, ils l'attendent tous dans le bureau du directeur.

Duras est là.

Elle soupire exaspérée, elle sait, merci.

Dans le bureau du directeur, on débouche le champagne.

Duras lève la coupe qu'on lui tend en l'honneur du nouvel acteur. Subjuguée, elle ne quitte pas des yeux Samuel L.

Ce couple admirable qu'ils forment. Admirable, elle n'a pas d'autre mot.

Quelques petites minutes plus tard, à peine y a-t-elle trempé ses lèvres, elle repose sa coupe de champagne, et demande à rentrer. Elle est fatiguée.

Pierre T. la raccompagne.

Pourquoi n'est-elle pas venue plus tôt ? Le couple admirable ne desserre pas les dents.

Mais puisqu'ils sont admirables, dès le lendemain matin, ils appellent le directeur.

— Vous avez entendu, elle était dithyrambique. Laissez-nous encore deux semaines. Elle acceptera les émissions de radio, de télévision, c'est sûr. Elle le fera pour nous.

Le directeur, inflexible, ne cède pas. Il a déjà programmé un autre spectacle.

Elle ne sera plus Agatha.

Un matin, au réveil, une voix, petite mais catégorique, lui souffle :

— Maintenant, il va falloir te taire.

Et il n'y a pas à discuter.

Que fera-t-elle dorénavant des souvenirs sombres, quand la mer les déversera sur la plage ?

Un soir, ils rentrent d'un spectacle, il est tard. Dans l'entrée, sur la table basse, un répondeur noir. Un chiffre rouge indique le nombre de messages reçus. Quatre. Le premier c'est un copain :

— Salut les amis ! Quand est-ce que vous venez me voir au théâtre, maintenant que vous n'êtes plus que de pauvres intermittents ?

Le deuxième, c'est la mère de Samuel L. Elle l'appelle Sam, Samchéri, mon Sam. Tant de tendresse. Comme l'odeur de la brioche tout juste sortie du four, d'un bol de chocolat pour le goûter, ou comme une citronnade déposée au bord du lit quand, enfant, on est brûlant de fièvre. Tout l'amour d'une mère pour son fils.

— Samchéri, appelle-moi, j'aimerais avoir de tes nouvelles.

Le troisième, c'est le frère le plus proche. Il vient d'emménager à deux rues de chez eux.

— Tu me manques. On se voit demain ?

Le quatrième, c'est Marguerite Duras.

Qui n'aurait hurlé de joie, sauté au plafond, pris son téléphone pour prévenir tout son carnet d'adresse :

— Tu sais qui vient de m'appeler ?

— Non.

— Marguerite Duras.

— Marguerite Duras ?

— Oui.

— La chance.

Eux, ne hurlent pas de joie, ne sautent pas au plafond. Ils font la gueule.

Qui, à part eux, deux jeunes inconnus de vingt-six ans, a déjà osé faire la gueule à Marguerite Duras ?

Ils laissent dire le répondeur, la laissent raconter ce qu'elle a à raconter. Si elle était venue plus tôt au théâtre, ils joueraient encore.

Maintenant c'est eux qui vont décider. Ils l'écouteront quand ils le décideront.

Ils vont à la cuisine, y chercher ce qu'ils ont à y chercher, préparer ce qu'ils ont à préparer, prennent tout le temps qu'ils ont envie de prendre.

Bip. Bip. Bip. Fin des nouveaux messages.

Ils ouvrent une bouteille, se servent chacun un verre, goûtent, apprécient, allument une cigarette, et curieux quand même, se décident à retourner dans l'entrée.

*Rewind.*

— C'est Marguerite Duras au téléphone.

Elle a quelque chose à leur proposer. Elle les trouve très beaux, ensemble. Elle insiste sur la beauté de Samuel L., ses yeux bleus.

Pause.

Ils éclatent de rire, Samuel L. a les yeux noirs.
Play.
Elle voudrait qu'ils jouent *La Maladie de la mort*. Elle est prête à leur donner les droits, qu'elle a refusés, elle imagine qu'ils savent, aux plus grands metteurs en scène du moment. Qu'ils la rappellent.
Bip. Bip. Bip. Fin des nouveaux messages.
Qu'en penser ?
Rien.
Que faire ?
Rien, non plus. Sinon, la moue.
Elle, voulait jouer *Agatha,* pas *La Maladie de la mort.*
Lui, voulait jouer avec elle *Agatha,* pas *La Maladie de la mort.*
Duras n'avait qu'à venir plus tôt.
Ils ont la rancune tenace et tout l'avenir devant eux. Et ils sont fiers. Et orgueilleux.
Ils ne lui répondront jamais.
(Mais, tout de même, n'effaceront pas le message.)
Ils n'en parleront pas non plus à Pierre T., qui, s'il l'avait su, aurait déplacé des montagnes pour les convaincre et les mettre en scène.

Ils ont vingt-six ans, la vie et d'autres rêves devant eux.

Six mois plus tard, le producteur, qui, retenu à Londres, n'avait pas eu la chance de boire le champagne avec Marguerite Duras le soir de la dernière, l'invite à dîner.
Elle accepte, à condition que ce ne soit pas loin de chez elle.

Le producteur propose, à Samuel L. et elle, de se joindre à eux.

Marguerite Duras indique un restaurant où elle a ses habitudes, entre le boulevard Montparnasse et le boulevard Raspail.

Le producteur est allé la chercher en voiture.

Il se gare devant le restaurant, ouvre la portière, l'aide à sortir.

Les quelques pas qu'elle a à faire jusqu'à l'entrée sont difficiles.

L'emphysème, leur avouera-t-elle, au cours du dîner.

Le patron du restaurant, aux petits soins, lui ouvre grand sa porte. L'endroit est cossu, les tables, proches les unes des autres, les nappes, damassées, les assiettes, à liseré, et les serviettes des habitués, roulées dans un rond, chacune dans son casier.

Le patron les accompagne jusqu'à leur table.

— Qu'est-ce que je vous sers ?

— Pas de vin, merci, prévient-elle.

Pas de cigarette, non plus. Quand elle fume, c'est qu'elle boit. Et elle ne boit plus.

Elle a tellement bu.

Dès qu'elle a commencé, elle a trop bu. Whisky, calvados, bière, verveine du Velay, puis du vin.

Du vin, le soir, la journée, la nuit.

Du vin avec ses amants.

Du vin, jusqu'à la cirrhose.

Du champagne jusqu'à la fermeture des restaurants.

Six ans ont passé depuis leur première rencontre au théâtre du Rond-Point, six ans, depuis les bouteilles de champagne jusqu'à la fermeture. Entre-temps, il y a eu la cure de désintoxication, les séjours à répétition à l'hôpital.

Assise en face de Marguerite Duras, son visage fatigué, sa toux qui la prend entre deux phrases, l'emphysème répète-t-elle à chaque quinte, elle comprend maintenant. Si Duras n'est pas venue les voir avant la dernière au théâtre de La Potinière, ce n'est pas par négligence ou manque d'intérêt, c'est qu'elle ne pouvait pas, elle était malade.

Le dîner ne s'éternise pas.

Duras ne veut ni dessert, ni café. Elle est fatiguée. Elle respire si mal. Quand elle est aux Roches Noires, elle arrive à se promener sur la plage, ou dans les couloirs de l'hôtel, mais à Paris, l'air est irrespirable, elle sort peu.

Le producteur demande l'addition.

— Quelque chose d'autre vous ferait plaisir ?

— Voir Paris. J'adore qu'on me conduise dans Paris, la nuit.

Le producteur va chercher sa voiture.

Ils attendent à côté d'elle devant le restaurant. Le vent souffle fort sur le trottoir. Elle est si petite, si fragile dans son costume noir, le costume Duras, le gilet, la jupe droite, le col roulé, les bottes à mi-mollet, le vent pourrait l'emporter.

Une femme au vent. Le visage ridé comme du parchemin et pourtant d'une jeunesse étonnante, de grands yeux, une voix chaude, la parole décidée, quelquefois violente.

Le producteur se gare devant le restaurant. À temps. Marguerite Duras ne s'est pas envolée. Pas encore.

Boulevard Montparnasse, boulevard du Port-Royal.

Les lampadaires, les lumières des cafés, des restaurants. Les gens sur les trottoirs, qui courent, se retrouvent, s'embrassent, se prennent la main, se promènent, fument, rient. Vivent.

Elle aussi vivait, avant.

Austerlitz, Bercy.

— Je voudrais rentrer maintenant.

Quai de la Tournelle, quai Malaquais, rue des Saints-Pères, boulevard Saint-Germain, rue Saint-Benoît.

Le producteur l'aide à descendre, l'accompagne jusqu'à sa porte.

Ils ne reverront jamais Marguerite Duras.

Un doute commença à s'immiscer entre eux, laissant Samchéri, d'un côté, elle, sans prénom toujours, de l'autre.

Un doute qui les séparait.

Ils passaient des nuits à s'interroger, s'aimaient-ils vraiment ? à chercher la réponse, à se désespérer de ne pas la trouver, à claquer les portes et partir précipitamment à l'hôtel ou chez des amis, à attendre un coup de téléphone, à le recevoir au petit matin, reviens, s'il te plaît, reviens, à se retrouver, je t'aime tant, et à se séparer à nouveau.

Au bout d'un an, épuisés, ils se séparèrent pour de bon.

Le 7 mars 1996, elle retrouve Pierre T. devant l'église de Saint-Germain-des-Prés, ils vont assister aux obsèques de Marguerite.

Samuel L. n'a pas pu les accompagner, il tourne dans un film, en province.

Samuel L. tourne pour le cinéma, la télévision, fut pensionnaire pendant quelques années à la Comédie-Française. Il joua même une pièce avec l'acteur qui lui avait prédit qu'elle ne serait reçue nulle part, ni au Conservatoire ni à la Rue Blanche.

*Bon appétit ! messieurs !*

On proposa à Samuel L. le rôle de Ruy Blas.

En revanche, à elle, personne n'eut jamais assez d'imagination pour le lui proposer.

*Ô ministres intègres !*
*Conseillers vertueux ! Voilà votre façon*
*De servir, serviteurs qui pillez la maison !*

Elle aurait pourtant adoré.

Samuel L. a gardé ses yeux de maharadja, sa voix aux inflexions parfois au bord du gouffre, et une attention pour elle toute particulière.

Une fois par an, ils déjeunent ensemble.

Il lui propose de le retrouver dans un restaurant tout près de celui où ils avaient dîné avec Marguerite Duras.

— Tu te souviens ?

Bien sûr qu'elle se souvient.

— Et toi, tu te souviens du message qu'elle nous a laissé pour nous proposer *La Maladie de la mort* ?

Mais bien sûr, enfin.

— Comment veux-tu que j'oublie, ma chérie ?

Des années plus tard, il l'appelle encore ma chérie.

— Je dois avoir la cassette du répondeur dans un carton, à la cave.

Il rit.

— On était furieux contre elle.

Il ne rit plus.

— Et tu ne voulais pas te retrouver nue sur un plateau. Je comprends avec ce qu'il t'était arrivé.

— Tu te souviens ?

— Mais enfin... C'est même sans doute à cause de ça que...

Il demande l'addition. Il préfère. Préfère penser à autre chose.

— J'ai tellement aimé...

Pense-t-il vraiment à autre chose ?

Il termine son verre, enfile son imperméable.

— Tellement aimé *Agatha*. Jouer Duras. Dire ses mots. Tout est sensuel chez elle. Sexuel. On la fait passer pour une intellectuelle, mais non.

Se souvient-il aussi de tous ces endroits où ils ont fait l'amour ? Au milieu des arbres dans une forêt, près de Grenoble. Dans sa loge au théâtre, et un jour le régisseur les a surpris. Sous la table en rotin, dans le salon immense. Comme une cabane. Ils voyaient des étangs, des oiseaux bleus.

Se souvient-il qu'il est le premier homme à qui elle ait raconté ?

Qu'il a dit du frère du milieu que c'était un monstre. Un criminel. Parce que ce qu'il t'a fait n'est rien d'autre qu'un crime. Qu'il a voulu la dissuader de ne plus jamais le revoir.

Sait-il qu'elle ne l'a pas écouté ? Qu'elle a revu le monstre pendant des années encore. Qu'elle est allée chez lui, qu'il est même venu chez elle.

— Mais si je suis seule, tu ne restes pas dormir.

Le monstre comprenait, il ne discutait pas, et le soir, si elle était seule, partait.

Il pleut sur le boulevard Montparnasse. Samuel L. enlève son imperméable, le lui tend, elle se glisse dedans.

— J'ai toujours trouvé Marguerite Duras très belle. Même vieille, elle était belle.

Il sourit, s'approche, lui ferme les boutons du col, qu'elle n'attrape pas froid, remonte les manches, bien trop longues pour elle.

— Toi aussi, tu seras toujours belle.

Elle lui rend son sourire, il le mérite tant. Elle est heureuse de l'avoir eu à côté d'elle dans sa vie.

Un homme bien.

Une référence.

Un jour, il sera sa référence.

Une fois par an, Samuel L. lui prête son imperméable pour qu'elle s'abrite quelques instants avec lui. Un moment de bonheur.

Ils ont partagé les verres, les draps blancs rapportés d'Avignon, une paire chacun, les assiettes, dépareillées et souvent ébréchées, dénichées ensemble dans des brocantes.

Elle garde la table en rotin, les bancs, de quoi organiser de nouveaux dîners, imagine-t-elle.

Elle imagine mal. Il lui faudra attendre plus d'un an avant d'avoir le courage d'en organiser un.

Une dernière nuit, serrés l'un contre l'autre, dans son nouvel appartement qu'elle a trouvé pas loin. Si elle pouvait ne pas trop s'éloigner. Si elle avait pu ne pas s'éloigner du tout.

Un mois plus tôt, elle avait fait mine d'être d'accord, et, royale et digne, avait tiré les mêmes conclusions que lui, il fallait se séparer.

Une dernière nuit, il part, avant qu'il ne fasse jour.

Dès qu'il part, elle s'aperçoit du bruit épouvantable qu'il y a sous ses fenêtres. Les voitures klaxonnent. Les bus démarrent dès que le feu passe au vert. Les gens s'apostrophent sur le trottoir. La vie est insupportable sans Samuel L.

Elle ne dort plus.

Pleure beaucoup.

Regrette tant.

Tous les jours, elle regrette.

Elle achète une bibliothèque, range *Agatha* bien en évidence sur une étagère et à côté glisse *Détruire, dit-elle*.

Tout est détruit.

Trente ans.

Plus d'Agatha.

Plus de Samuel L.

Et plus de frère le plus proche. Il vient de partir accidentellement. Loin. Si loin qu'il ne reviendra pas. Si loin, qu'elle ne s'en remettra jamais.

Elle essaie, pourtant.

Cherche d'autres livres à mettre à côté de ceux de Marguerite Duras dans la bibliothèque. D'autres livres qui soient à la hauteur. Elle écoute les conseils qu'on lui donne, ceux de la libraire, de ses amis, des acteurs avec lesquels elle travaille, tu devrais lire tel auteur, tel autre, il n'y a pas que Duras dans la littérature, que Samuel L. dans la vie. Quant au frère le plus proche, personne n'ose en parler. L'enterrement passé, le sujet est clos. Et elle, close sur le sujet. Muette. Sinon, elle tombe.

Elle essaie toujours.

Essaie même de se mettre à la bande dessinée, et à force d'essayer, y arrive.

Un peu.

D'autres auteurs français et étrangers se glissent à la lettre D, à côté de Duras dans la bibliothèque. D'autres hommes se glissent dans son lit.

Elle a trente ans et quelques, et toujours pas de prénom.

Un soir, quelques jours avant une première dans un théâtre parisien, elle est invitée à un anniversaire. Il fait doux, elle fume sur la terrasse. Elle rencontre un homme, ou plutôt un homme vient à sa rencontre.

— C'est étrange, dit-il.

Ses premiers mots. Elle les prend pour elle, suppose qu'il parle d'eux, des belles coïncidences de la vie. Elle lui sourit.

Plus tard, elle comprit que l'homme parlait de la terrasse, qui pour lui était étrangement dangereuse. Pas de barrière. On pouvait s'approcher. Basculer. Tomber. Mourir. Il s'étonnait que les propriétaires ne soient pas plus méfiants. Mais après tout, pourquoi pas ? C'était leur vie. Lui ne prendrait pas le risque.

Elle, le prit.

S'approcha.

De lui.

Ils s'installent ensemble, un mois plus tard. Au plus vite, sinon ce n'est pas de l'amour, dit l'homme, et elle, croit qu'avec l'homme, c'est vraiment de l'amour.

Il voudrait ne jamais la quitter. S'arrange pour être avec elle le plus souvent possible dans la journée.

Elle n'a pas de portable ? Il lui en achète un. Ils pourront se parler quand ils voudront. Et il veut souvent. Au moins dix fois par jour.

Elle a des répétitions ? Encore ? Ils ont pourtant commencé à jouer la pièce depuis une semaine maintenant.

— Le metteur en scène est là tous les soirs. Il prend des notes et le lendemain, il nous veut tous sur le plateau pour des raccords.

Elle boit un verre avec des amis ?

Il l'appelle, insiste jusqu'à ce qu'elle réponde.

— Tu me manques, gémit-il.

— Je ne peux pas te parler. Je ne suis pas seule.

— Ça te gêne ? C'est moi qui te gêne ?

Pourquoi a-t-elle répondu ? Personne ne l'y obligeait. Des années plus tard, le lundi matin à dix heures, assise face à une femme médecin, une reine, elle apprendra qu'elle peut choisir, qu'elle n'est pas obligée de répondre, qu'elle peut le faire si elle veut, quand elle veut.

— Je t'aime. J'avais envie de t'entendre. C'est ça l'amour, lui fait savoir l'homme avant de raccrocher, et il veut qu'elle sache.

L'amour.

Elle aime tant l'amour.

La pièce qu'elle joue est gaie, légère. Sur le plateau, ils chantent, ils dansent, elle jongle comme le lui a appris, à l'école de la Rue Blanche, le garçon et sa mine déjà chiffonnée pour son âge.

— Pour jongler, il faut avoir des yeux partout.

Elle, n'a d'yeux que pour l'homme.
Elle est amoureuse.
Elle oublie tout à fait Samuel L.

Tous les soirs, l'homme l'attend à la sortie du théâtre. Quelquefois, elle va dîner avec des metteurs en scène, des acteurs. L'homme reste alors des heures à l'attendre dans sa voiture, à quelques mètres du restaurant.

Au bout de trois semaines, ces gens qu'elle lui préfère quand il vient la chercher, l'homme les appelle les professionnels de la profession.

Au bout de cinq semaines, il lui demande ce qu'elle leur trouve. Ils ne sont pas si talentueux, si influents.

— La preuve, qu'est-ce qu'ils font pour toi ?

L'homme lui pose la question chaque fois qu'elle les quitte. Il insiste sur le *pour*. Qu'est-ce qu'ils font *pour* toi ? Et à force, elle ne sait plus ce qu'elle leur trouve.

Elle les voit moins.

Puis, plus du tout.

À quoi bon ?

L'homme, lui, connaît beaucoup de gens talentueux et influents, les professionnels de la profession ne leur arrivent pas à la cheville.

L'homme connaît beaucoup de gens, sait beaucoup de choses. Sait presque tout. Qu'y a-t-il qu'il ne sache pas ? Qu'il ne comprenne pas ?

Elle, en revanche… Ne sait pas grand-chose, plaisante-t-il de plus en plus souvent, protecteur et condescendant. Mais elle a de la chance, il l'aime quand même.

Et elle ? L'aime-t-elle ? L'aime-t-elle autant qu'il l'aime ?

Elle l'aime. Il est si beau, si doué, si intelligent. Tout le monde le dit. Sa mère, sa sœur, ses frères. Même le frère le plus proche l'aurait dit, oui, c'est sûr il l'aurait dit s'il n'était pas parti si loin, à ne jamais revenir. Ses amis, aussi, le disent.

Quels amis ?

Pardon, elle a oublié. En dehors de l'homme, elle n'a pas d'ami.

Décidément, soupire-t-il, un rien excédé, elle oublie souvent.

Dans la bibliothèque, *Agatha* a disparu derrière les livres de l'homme.

Avant qu'elle ne le rencontre, Marguerite Duras était toujours devant.

Avant, c'était avant, dit l'homme.

Maintenant, c'est lui qui est devant.

L'homme aime que l'appartement soit rangé. Pas de poussière. Rien de suspect. Rien de douteux. Rien à voir d'autre que ce qu'il veut montrer.

Elle aussi doit faire en sorte qu'on ne voie pas le désordre.

Sa mère le lui a appris. Ranger la cuisine, les chambres, faire les lits, pas de saleté, pas de pli, rien ne s'est passé du jour ou de la nuit, s'assurer que les vitres des fenêtres soient impeccables. Pas de trace, comme peuvent en laisser parfois les enfants.

— Ne mettez pas vos doigts sur les vitres.

De la buée sur un carreau, et les enfants dessinent. Une fleur. Un visage. Un cœur pour leur maman, ou leur frère le plus proche. Un appel au secours, stop, s'il vous plaît, faites que stop.

— Arrête de mettre tes doigts sur les vitres, combien de fois faudra-t-il que je te le répète ?

Sa mère a toujours veillé à ce que les vitres soient nettes, propres, les traces effacées, les pages des livres vite tournées et oubliées.

Sa grande sœur veille aussi, comme leur mère, exactement comme elle.

Elles ont attendu trois ans avant de venir voir *Agatha*. Après le spectacle elles n'ont posé aucune question, n'ont fait aucun commentaire. Elles sont venues, c'est déjà ça.

Un soir, ils sont sur le point de sortir pour aller chez des amis, elle cherche ses clés désespérément dans tout l'appartement. Où a-t-elle la tête depuis quelque temps ? L'homme, son manteau déjà sur le dos, prêt à partir depuis au moins cinq minutes, fait les cent pas dans l'entrée.

— Mais qu'est-ce que tu as dans la tête ? À quoi tu penses ?

Tiens, on dirait sa mère quand elle était petite.

Elle sait bien pourtant que l'homme ne supporte pas d'attendre, non ?

Si.

Il déteste ça. Attendre pour payer dans les magasins. Attendre au téléphone. Au feu, quand il est rouge. Attendre de quelqu'un dans la rue, un renseignement. D'une femme, un consentement. Quel consentement ? Il aime que ça aille vite et quand il veut.

Il piétine dans l'entrée. Ils vont finir par arriver en retard. Il déteste ça aussi, arriver en retard.

— Non mais le boulet.

Le boulet ?

C'est d'elle dont il parle ?

Ce doit être une erreur.

Ce n'est pas une erreur.

Une semaine plus tard, elle va à la banque pour une opération, que jusque-là elle effectuait sans problème, et que sans en comprendre la raison, elle n'arrive pas à effectuer à nouveau. L'homme l'accompagne. Il continue à l'accompagner dès qu'il peut. Dans la voiture, mais plus encore quand elle franchit la porte de l'agence, lourde, bardée de dorures qui s'entrecroisent, elle sent que quelque chose lui manque, comme de l'air à respirer.

— Ça ne va pas ? demande l'homme, amusé.

Lui, les ors de la banque ne l'ont jamais impressionné.

Pas grand-chose ne l'impressionne en vérité.

Une fois au guichet, elle cherche le mot, le mot exact de cette opération pour laquelle elle est venue. Ne le trouve pas. Il lui manque, comme l'air à respirer lui manquait avant d'entrer.

Le vide.

L'angoisse, au guichet.

La banquière la regarde, surprise, mais ne va pas pouvoir patienter très longtemps. Il y a du monde. Derrière la cliente, d'autres clients attendent.

— Donc, vous ne savez pas ce que vous voulez ?

Elle, désolée, s'excuse mille fois. On dirait une petite fille qui doit réciter sa leçon de poésie devant toute une classe et qui ne trouve plus les mots.

Paniquée, elle se tourne vers l'homme. Aide-moi, s'il te plaît.

Amusé toujours, l'homme la regarde perdre pied, puis se tourne vers la banquière :

— Pardonnez-moi, madame, ma compagne ne va pas bien.

La banquière hoche la tête, pleine de commisération. Avec une femme pareille, ça ne doit pas être facile tous les jours.

— Elle est venue pour faire un virement, ajoute-t-il.

Et dans un regard plein de charme remercie la banquière pour sa muette et élégante sollicitude.

C'est ça, un virement. C'est le mot qu'elle cherchait.

— Un virement à mon nom, précise l'homme, toujours aussi charmant.

Ils sont sur le trottoir devant la banque, l'homme dit :

— Non mais le boulet.

— Qui ça ?

— Ben toi, qui d'autre ? Qui était avec moi à la banque ?

— Tu ne peux pas m'appeler comme ça.

L'homme éclate de rire. Mais pas comme Michael L. et Marguerite Duras, ou Vincent G. et elle, riaient quand ils étaient ensemble. Ni même comme elle riait avec Samuel L. Il éclate d'un rire qu'il ne partage qu'avec lui seul.

Sur le trottoir, elle ne sait quoi regarder pour ne pas pleurer.

Ça n'échappe pas à l'homme. Rien ne lui échappe.

— C'est de l'humour.

N'a-t-elle pas d'humour ?

Peut-être qu'elle n'en a pas.

Ou plus.

Depuis qu'elle est avec l'homme, elle prend tout au pied de la lettre.

Depuis qu'elle est avec l'homme ?

Est-elle sûre ?

Ou depuis avant ?

*Encore et encore et encore avant.*

Depuis quelque temps, des phrases d'*Agatha* reviennent.

L'homme invite souvent le frère du milieu. Il s'entend bien avec lui. Ils ont beaucoup de choses en commun. Des idées politiques, des morceaux de musique. Ils font du sport ensemble, du tennis. Le soir, ils partagent toutes sortes de rhums, refont le monde. Attablés l'un en face de l'autre, ils considèrent avec indulgence celle qui, telle une didascalie négligeable de leur histoire, se cogne aux vitres, s'apprêtant, imagine-t-elle, à s'envoler.

Elle a trente-huit ans. L'homme organise une soirée pour son anniversaire. Autour d'eux, on ne tarit pas d'éloges, n'est-il pas adorable ? Il invite des amis à lui, puisqu'elle n'en a pas, ou plus, n'en a jamais eu, n'en ont-ils pas parlé déjà des dizaines et des dizaines de fois ?

Il lui offre le premier tome des œuvres complètes de Marguerite Duras dans une édition de luxe. L'homme aime le luxe. Qu'on ne voie sur lui que ce qu'il y a de mieux. De beaux vêtements, de belles chaussures, et à son bras, une femme splendide.

Il lui tend le paquet, se tourne vers ses amis et, grand seigneur, annonce :

— Elle adore.

Il ne lui offrira jamais le second tome.

Oubliera-t-il ?

Ou bien préfère-t-il qu'elle se tienne claudicante à ses côtés ? Lui manquant toujours quelque chose. Un livre. Des mots. Une explication. Un geste tendre.

Pour se faire valoir auprès des amis, mais surtout auprès de l'homme, elle pense encore que c'est possible, elle raconte la création d'*Agatha*.

— La création ?

— Quand on joue un texte pour la première fois.

Autour d'elle, on est impressionné.

— Un succès, poursuit-elle, galvanisée.

Et tant qu'elle y est, elle répète ce que Duras disait d'elle quand elle jouait *Agatha* : *Elle est belle mais elle s'en tape.*

— Elle est belle mais elle s'en tape ? répète l'homme, incrédule. C'est complètement stupide.

Il est furieux. On dirait que c'est de lui dont a parlé Duras. Ou de sa voiture. Ou de son chien. Ou du bibelot que, chaque jour, il s'efforce de remettre bien à sa place sur l'étagère du salon.

— Et toi, tu trouves ça bien ?

— Oui.

— Si tu t'en tapes, et qu'en plus tu trouves ça bien, c'est normal que tu ne sois jamais devenue une grande star.

Autour d'elle on ne relève pas. Personne n'a entendu. Ou n'a voulu entendre.

Un des amis se risque quand même :

— Tu as vraiment connu Marguerite Duras ?

— Oui.

— C'est incroyable.

— Oui, dit l'homme pas très convaincu, mais c'était il y a longtemps. Depuis, il ne s'est pas passé grand-chose, hein ?

Il a failli ajouter *le boulet,* mais il y a du monde, il se tient.

Elle a failli fondre en larmes, mais il y a du monde, elle aussi, se tient.

Elle résiste. Trouve des raisons à l'homme.

Les coups de ceinture quand il était petit.

Le cœur âpre et récalcitrant du père, non tu ne prendras pas ma place mon fils, une pierre aussi sèche que la terre aride sur laquelle il a élevé ses enfants.

La cité.

Le lycée, qui n'a pas voulu de lui, toi tu vas t'arrêter là mon gars. Ce lycée, qu'il n'a pas connu, qu'il aurait tant voulu connaître.

L'homme devient violent. Casse un fauteuil, une porte. Boit de plus en plus souvent. Exige qu'elle boive avec lui. Elle ne va pas le laisser seul ?

Sans elle, il est si seul.

Quelquefois elle s'éloigne, perdue dans ses pensées. Mais l'homme la suit de près, ne la lâche pas, et la prend sur le fait.

À quoi pense-t-elle ?

— Ou plutôt à qui ? l'interroge-t-il, méfiant.

L'homme se méfie de tout. Surtout de tous. Le moindre mâle qui voudrait approcher.

— À toi, répond-elle.

Elle ment. Pour avoir la paix.

Depuis quelque temps, elle ment.

Elle se sert un verre. Allume une cigarette. Elle en allumera beaucoup d'autres ce soir-là, elle le sait, elle a l'habitude maintenant. Se servira beaucoup trop de verres. De vin. De rhum. Ils boivent. Ils fument. *Quand je fume, c'est que je bois*. Elle pense à Marguerite Duras.

Elle aussi pourrait tomber. Mourir, peut-être.

Un soir, elle rentre tard, elle est allée prendre un verre avec des acteurs après un spectacle. Elle porte une robe d'été, bleu nuit. Elle l'a achetée en pensant à *Agatha*. *Vous portiez ce jour-là une robe bleue*. Elle pense de plus en plus souvent à *Agatha*, à Samuel L., à la cabane sous la table en rotin dans le salon, aux oiseaux bleus. Au véritable amour.

À peine a-t-elle franchi la porte de l'appartement, que l'homme la surprend, comme surgissant de nulle part.

— Tu viens d'où ?

Il aurait dû être encore à son bureau.

— Je suis charrette, lui avait-il annoncé le matin même, je rentrerai tard.

Sinon elle ne serait pas allée prendre un verre. Elle serait rentrée tout de suite après le spectacle, trouvant une excuse, comme toujours depuis qu'elle est avec l'homme.

— Je ne me sens pas très bien, aurait-elle dit aux copains, on se verra une autre fois. Avec mes microbes, je ne voudrais pas vous contaminer, surtout ceux qui sont sur scène.

Ou bien elle aurait prétexté des essais qu'elle passe le lendemain matin.

— Et j'ai des tartines de texte à apprendre, je ne peux pas rester.

Elle n'aurait pris aucun risque, ni celui, à peine rentrée, d'un questionnaire serré, ni celui d'une scène. Encore une.

L'homme n'était pas charrette, c'était une ruse.

Pour voir à quelle heure elle rentrerait.

Quand le chat n'est pas là, les souris dansent ?

Où était-elle ?

— Dans un bar.

— Quel bar ?

Elle donne le nom, l'adresse. L'homme vérifie qu'il existe. Qu'il ferme aussi tard qu'elle le prétend.

— Avec qui ?

Elle donne des noms de femmes.

— Il n'y avait pas d'homme ?

Elle donne deux noms, s'empresse de préciser :

— Ils sont ensemble, ils sont homosexuels.

— Et pas d'autres ?

— Non.

— C'est curieux qu'il n'y ait jamais d'homme quand tu sors. Tu te fiches de moi ? Tu as vu comment t'es fringuée ?

La robe est transparente.

Elle ne l'avait pas remarqué.

— Tu ne l'avais pas remarqué ? Tu me prends pour un con ?

— Non.

— Mets-toi devant la lumière.

Elle n'y va pas.

Il la prend par les cheveux, l'amène lui-même devant la lampe.

— Tu comprends maintenant ?

— Quoi ?

— On voit tout à travers. On dirait une pute.

Une pute ?

Il a dit le boulet, elle a laissé passer, maintenant il peut dire pute. D'ailleurs, il le répète, pute, pute, pute ! et à le répéter, il se souvient de toutes ces raisons qu'il a de le dire. De tous ces hommes qui lui courent après. De toutes ces fois où elle a dû en profiter. Bien en profiter. Et baiser derrière son dos. Ah, ils ont dû bien baiser ! Quel con, mais quel con ! Il la prend à nouveau par les cheveux, la traîne jusqu'à leur chambre, la balance sur le lit. N'est-elle pas une traînée ?

Une traînée ?

Oui.

Et puisque c'est ça, tiens, prends-en une.

Une, puis deux.

Elle s'effondre en larmes sur le lit.

Le lendemain, elle pleure. Le surlendemain, aussi.

Jamais elle n'aurait imaginé que celui qui dit l'aimer puisse faire ce que l'homme a fait.

Elle profite d'une de ses absences, un lundi matin, elle va voir un médecin. Une femme, une reine.

Même si l'homme lui a bien fait comprendre et à de multiples reprises qu'il détesterait qu'elle raconte ce qu'il se passe chez eux, ce qu'il se passe chez nous ça ne regarde personne, c'est notre secret.

Un secret, encore ?

Elle raconte tout à la femme médecin reine.

— Il n'y a qu'une seule chose à faire, conclut la femme médecin.

— Quoi ?

— Porter plainte.

— Porter plainte ?

— Il serait temps, vous ne croyez pas ?

— Oui.

Elle dit oui, pour ne pas dire non. Pour ne pas dire qu'elle ne peut pas. Qu'elle ne voit même pas comment elle pourrait. Aller au commissariat ? Dénoncer l'homme avec lequel elle vit ? Il sera convoqué. Interrogé, et probablement de façon musclée.

— J'ai une patiente, qui, depuis qu'elle a porté plainte, va beaucoup mieux.

— Ah oui ?

Elle fait semblant de le croire, laisse même penser qu'elle pourrait imiter l'autre patiente.

— Et son agresseur ?

— En prison. Il était sur le point de s'enfuir à l'étranger, ils l'ont coincé à l'aéroport, et... en prison.

— Ah oui ?

Elle fait semblant de trouver ça formidable.

De décider vouloir faire pareil. Avoir la même trempe. Après tout, elle est une femme moderne. Libre. Courageuse. Indépendante. Elle traverse la vie avec brio malgré quelques cahots. Elle a su dire non quand on l'a harcelée, tel metteur en scène, tel acteur, tel agent, je choisis ma liberté. Elle n'a besoin de personne. C'est elle qui paye le loyer. Ses vêtements. Ses voyages. Ses livres.

Sauf que.

Quand il s'agit de dénoncer l'homme avec lequel elle vit, elle n'est plus moderne du tout.

— Quand voulez-vous revenir ?

Elle dit qu'elle appellera.

Au prochain rendez-vous la femme médecin reine demandera où elle en est de ses démarches, et elle ne sera sans doute pas allée au commissariat.

La femme médecin lui serre la main souriante, confiante, elle n'a aucun doute sur son courage.

Sauf qu'elle ne l'a pas. Elle ne va pas au commissariat.

Un soir, l'homme recommence. Il l'a fait une fois, pourquoi ne recommencerait-il pas ?

Elle retourne voir la femme médecin reine.

Elle a tellement honte.

Cette fois, la réaction est sans appel.

— Si vous ne mettez pas de limite, avez-vous pensé à ce qu'il pourrait se passer ? Avez-vous conscience de jusqu'où il peut aller ?

Loin. Définitivement trop loin.

L'homme peut la faire basculer. Tomber. Mourir. Sait-elle combien de femmes meurent chaque année sous les coups de leur conjoint ou ex-conjoint ?

Elle se souvient de la première rencontre sur la terrasse :

— C'est étrange ici.

Pas de barrière, pas de limite.

Elle, s'était approchée. Avait tout accepté.

Pourtant, elle ne va pas au commissariat, n'a pas le courage encore.

Lundi après lundi, la femme médecin reine répète :

— Portez plainte et partez.

Elle n'a jamais porté plainte. Ni petite. Ni adolescente. Ni adulte.

— Vous pourriez encore. Le délai de prescription vient d'être prolongé.

Un lundi après-midi, a-t-elle eu suffisamment peur la veille, quand l'homme, les yeux rivés sur les couteaux de cuisine, a menacé de lever la main sur elle ? Le ton de la femme médecin reine, a-t-il été plus impérieux et plus pressant ce lundi matin que les autres lundis ? Elle pousse la porte d'un commissariat.

On la reçoit, on l'écoute, on la croit.

Elle a honte.

Honte d'avoir subi ce qu'elle a subi.

Honte des détails.

Honte de porter plainte contre l'homme avec lequel elle partage son lit, ses nuits, ses réveils, ses histoires de famille même si elle ne lui a pas tout dit, ses problèmes de banque, ses projets de vacances.

— Tu étais où ?

Elle montre la déposition.

L'homme ne pose pas de question.

Les coups s'arrêteront là. L'homme fait partie de ceux à qui la justice fait peur.

Elle a eu la force d'aller au commissariat, elle a celle de le quitter.

Elle le lui annonce un soir où il n'a pas bu.

Il prend le temps d'allumer une cigarette, s'adosse au meuble de la cuisine :

— Tu as pensé à moi ? Comment je vais faire ? Je ne peux tout de même pas me retrouver à vivre dans vingt-cinq mètres carrés ?

Elle reconnaît, elle n'y a pas pensé. N'a pas pensé à lui en premier.

Sans elle, comment l'homme pourra-t-il se débrouiller ? Payer son loyer, son matériel informatique, ses sorties, ses chaussures hors de prix ?

Il lui faudra un an encore, lundi matin après lundi matin, assise en face de la femme médecin reine, pour comprendre que sans elle l'homme peut très bien se débrouiller.

Un an pour comprendre qu'elle n'est pas toujours obligée de payer.

Et un matin, le matin du jour anniversaire de Samuel L., en souvenir des oiseaux bleus sous la table en rotin, elle va chercher *Agatha* dans la bibliothèque, prend ses affaires, et quitte l'homme.

Elle a eu quarante ans.

Elle a emménagé dans un nouvel appartement. Un appartement tout de guingois. Un minuscule jardin intérieur, pas la place pour des rosiers, pas le moment encore de couper les fleurs fanées. Pas d'étagères pour les livres, pas le moment encore de ranger. Ils s'entassent dans le salon. De nouveaux venus recouvrent *Agatha*.

Au théâtre, on lui propose des pièces d'auteurs norvégiens, américains, allemands. Il lui arrive de retrouver sur le plateau des acteurs qui ont joué ou tourné avec Marguerite Duras. Ils ne parlent jamais d'elle. Comme si ce qu'ils avaient vécu avec Marguerite ne pouvait se partager qu'avec ceux avec lesquels ils l'avaient vécu.

Michael L. monte *Agatha*. Dans les journaux, on dit qu'il crée la pièce.

Vincent G. enchaîne les grands rôles au théâtre, elle, joue à Marseille, à Paris, tourne pour le cinéma, la télévision, ils ne relèvent pas.

Elle rencontre d'autres hommes. Ils sont gentils. Ne sont surtout pas comme l'homme, préviennent-ils quand elle les met en garde. Ce n'est pas leur genre. Non, certainement pas.

C'est vrai, ils ne sont pas tous comme ça.

Mais quelques-uns, quand même. Ceux qui oublient de demander avant de prendre.

Celui qui ne peut s'empêcher de caresser son bras, son épaule nus, elle est belle ta robe, c'est de la soie ? Celui qui lui met la main aux fesses sous prétexte qu'il la connaît depuis toujours. Celui qui l'embrasse sur la bouche sans qu'elle l'ait vu venir, parce qu'il est fou d'amour et surtout metteur en scène. Celui qui, moins direct, mais pas gêné quand même, pourquoi se gênerait-il ? se permet un baiser au coin des lèvres. Pourquoi n'y aurait-il pas droit ? il lui a présenté un producteur. Celui qui lui refuse un rôle parce qu'elle ne veut pas de son lit, ou du siège arrière de sa voiture, il n'aurait pas été regardant. Celui qui ne la reprendra jamais sur un film parce qu'elle n'a pas voulu aller plus loin que le rôle. Celui qui danse avec elle et la tripote au passage, parce qu'il est connu et qu'il a tous les droits. Des noms prestigieux ou pas.

Ils ne sont pas tous comme ça ?

Ça la fait bien rire.

Ses amies aussi, ça les fait bien rire.

Elle ne s'attache pas.

On lui propose le rôle d'une auteure américaine qui a écrit un essai sur la boxe. La boxe et ses passions. Fanatisme. Violence, jusqu'à la mort. L'auteure a rencontré

Mike Tyson. Il lui dit vouloir enfoncer le nez de son adversaire dans son cerveau quand il combat.

Elle lit le texte.

Uppercut.

Elle accepte le rôle sans hésiter.

L'auteure est petite et brune, elle, est grande et blonde. La magie des correspondances intérieures.

Le metteur en scène l'envoie suivre des cours de boxe.

Elle tape dans le sac,

direct, crochet, uppercut.

Monte sur le ring,

elle qui n'a jamais aimé voir les gens se prendre des coups dans la gueule, qui n'en a jamais donné,

elle tape, cogne.

Elle a quarante-deux ans, direct, crochet, uppercut.

Et à donner des coups, en recevoir, à se déchaîner contre un hypothétique adversaire comme si elle lui en voulait à mort, lui revient le souvenir des trous larges et profonds au fond du jardin, de la place Esquirrrol, tout le monde descend, de la boutique à ustensiles de cuisine, tu ne veux pas faire un gâteau pour tes frères ? Lui revient tout ce qu'elle a cru avoir mis de côté.

Elle voudrait taper. Hurler.

Direct, crochet, uppercut.

Son frère le plus grand l'appelle :

— On peut se voir chez toi.

Il a quelque chose d'important à lui dire.

— On ne peut pas en parler au téléphone ?

— Non, il faut que je te voie.

De quoi veut-il bien lui parler, dont personne d'autre ne doive être témoin ? Si ce n'est de la chose. La chose qui, depuis qu'elle cogne sur le ring, revient.

Elle se prépare à répondre à toutes les questions. Raconter dans l'ordre.

Comment ça a commencé.

Comment ça a continué.

Comment ça a fini.

Il sonne, elle est prête.

Grave et solennel, il prend la place qu'elle lui laisse dans le canapé, accepte le jus de fruit qu'elle lui propose. Pour ce qu'il a à dire, il ne préfère pas plus festif.

Elle allume une cigarette, elle l'écoute.

Leur mère est malade. Une maladie grave.

Elle écrase sa cigarette. Leur mère, malade ?

Elle envoie promener la chose, elle verra ça plus tard, quand ce sera le moment, même si ça ne l'est jamais, qu'elle n'ose jamais que ça le soit. La chose n'a plus d'importance.

Sur le canapé, le frère le plus grand retient son émotion. Il doit montrer l'exemple. Être un soutien. Il est l'aîné, elle, la petite sœur.

Leur mère ne guérira pas.

Un long silence dans le salon plus encore de guingois que d'habitude.

Est-on sûr ?

Le frère le plus grand a été voir les médecins. Ils ont été catégoriques. Aucune chance, monsieur.

Et leur mère ?

Quoi leur mère ?

Le frère avale une gorgée de son jus d'abricot. Son cœur se tient de plus en plus serré dans sa poitrine. Pourvu qu'il n'explose pas. Leur mère c'est leur mère, même si elle a toujours montré plus de tendresse pour le frère du milieu. Elle devait le protéger plus que les autres, lui qui avait été si malade quand il était petit, qui avait failli mourir.

Failli mourir.

Les frères et les sœurs, les grands et les petits, avaient toujours considéré le miraculé de la mort avec frayeur et admiration.

Aujourd'hui, c'est au tour de leur mère. Elle ne va pas faillir, elle va mourir.

Assis l'un en face de l'autre, le frère aîné et la petite sœur ont maintenant le cœur à l'unisson. Au bord de l'explosion. Sauf que dans la famille, les cœurs n'explosent pas.

Ils se reprennent.

Leur mère le sait-elle ?

Le frère le plus grand essuie la larme qu'il n'a pu empêcher de couler.

Leur mère ne sait rien.

Rien ?

Il ne faut pas qu'elle sache.

Si elle avait des choses à faire, à dire, avant de mourir ?

— C'est mieux.

Le frère est comme les médecins. Catégorique. Le cancer, on n'en parle pas. Comme de certaines choses.

Certaines choses ?

Oui.

Il reprend son visage grave et mesuré, son visage de frère aîné, termine son jus d'abricot, serre sa sœur dans ses bras, c'est sa petite sœur, il l'aime de tout son cœur, et s'en va.

Six mois plus tard, leur père tombe malade. Un cancer, aussi. Comme si la maladie de l'ex-femme avait entraîné la maladie de l'ex-mari. Comme si ces six enfants qu'ils avaient élevés bon an mal an, cette maison pleine de rires, de bruits, de secrets, qu'ils avaient construite puis vendue au moment de leur séparation, ces événements traversés séparément, mais traversés avec la même émotion, la même joie ou la même douleur, ces mariages et ces naissances, l'accident insupportable du dernier de leurs fils, ils s'étaient promis de les quitter ensemble.

Elle va les voir aussi souvent qu'elle peut.
Elle déteste les hôpitaux, déteste ceux qui soignent, ils ne font guérir ni sa mère, ni son père.
À l'entraînement, elle tape, cogne dans le sac.

Parleront-ils avant de mourir ?

La mère meurt.
Puis le père.
Aucun des deux n'a parlé.

Les répétitions ont commencé dans un théâtre en banlieue. La façade est bordée de lampions. Le soir, ils brillent dans la nuit.
Sur scène, elle tape, cogne.
Uppercut.

Son père ne verra pas le spectacle.

Il n'a pas aimé Duras, aurait-il aimé l'auteure américaine ?

Aurait-il aimé voir sa fille taper, cogner sur le plateau ?

Aurait-il voulu savoir pourquoi elle le fait avec tant d'acharnement ?

Ses frères et sa sœur lui proposent de se réunir un dimanche dans la maison de leur mère pour trier les meubles et les vêtements.

Elle a joué la veille dans le théâtre bordé de lampions.

Elle passe le pont au-dessus de la Loire. Le fleuve est immobile. Calme, aurait rectifié Marguerite Duras. On n'imagine pas que des baigneurs puissent être emportés par les courants, quelquefois se noient.

Quand elle arrive, ils sont déjà tous là. Ne manque que le frère le plus proche. Lui manque terriblement. Plus encore quand ils sont tous réunis. Pourquoi est-ce lui qui est parti ? Et pas un autre ?

Quand ils sont ensemble, ils ne parlent jamais de lui, ni de l'accident.

L'accident, le cancer, on n'en parle pas, c'est préférable.

Ils ont réparti les objets, les meubles du salon. Équitablement. Sans histoire. Ils montent au grenier trier les robes, les manteaux de leur mère. Ils les donneront à l'une ou l'autre de ses amies, ou à une association caritative. Mais la robe de mariée ? On ne peut pas la donner. Qui donnerait la robe de mariée de sa mère ? Ni la jeter, qui jetterait la robe de mariée de sa mère ? Ni la porter, ils sont déjà tous mariés. À part elle. Elle, peut-être ?

Les bras ballants, en silence, ils la regardent, elle et la robe de mariée, consternés.

Le frère le plus grand déteste le silence et préfère voir le capital partout.

— Un beau mariage quand même. Six enfants, fallait le faire.

— Des enfants en bonne santé, qui s'entendent bien, ils doivent être contents là-haut, ajoute la sœur aînée qui préfère, elle, ne voir le mal nulle part. Pas de trace. Pas de salissure.

Ils passent à autre chose, ils résoudront le problème de la robe de mariée une autre fois. Ils ouvrent d'autres caisses, en sortent des jouets, des livres, un tigre en peluche, cousu et recousu, trépané maintes fois pour voir ce qu'il pouvait bien y avoir à l'intérieur, ce qu'il pouvait penser de tout ça, cette famille, cette maison, ces frères. En sortent des animaux en bois, en métal, à roulettes, le docteur Chèvrefeuille et le chat Flamme, des vêtements d'enfants. Et un petit short en jean. Ce petit short qu'elle, la petite sœur, portait quand elle avait dix ans. Que la mère a gardé au cas où.

Au cas où quoi ?

Au cas où elle, la petite sœur, aurait un enfant.

— Tout le monde a des enfants.

Dans le grenier, on pense, toutes les femmes normales en ont.

— Bref, dit la sœur aînée qui, comme toujours, préfère ne pas s'appesantir sur les choses déplaisantes, qu'est-ce qu'on fait de ce short ?

Elle, la petite sœur, celle qui n'aura jamais d'enfant, le lui arrache des mains, le jette à la figure du frère du milieu.

Ils la regardent tous, surpris et fatigués, vraiment fatigués, pour eux aussi trier les affaires de leur mère n'est pas une partie de plaisir, qu'est-ce qu'elle croit ? Il faut toujours qu'elle se distingue, qu'elle aille trop loin, qu'elle fasse des scènes, ah ça, pour avoir bien choisi son métier, elle l'a bien choisi.

Dans le coin du grenier, le frère du milieu sourit.

Elle croyait avoir apprivoisé la chose ? L'avoir écartée ? Et depuis quelques mois, mise au tapi sur le ring ? Elle se trompait. La chose ressurgit. Redoutable. Toute-puissante.

Plus que le souvenir du petit short en jean, c'est le sourire du frère du milieu qui la fait ressurgir.

Un sourire entendu, complice, ah ce ravissant petit short, le frère du milieu est lettré, il aime les mots exacts, ne serait-ce pas ce petit short qui lui aurait ravi tout contrôle et sang-froid ?

Un sourire sans embarras, sans inquiétude. Après tout, il n'a jamais été inquiété. Elle n'a jamais rien dit. N'a jamais refusé de le voir, de lui présenter ses amis, ses amants, de le recevoir chez elle, quand elle habitait avec l'homme.

Un sourire qui a tous les droits. Son bon droit.

La chose ressurgit comme une bête qui a dormi trop longtemps, et qui enrage d'avoir trop dormi, furieuse d'avoir été cachée, oubliée, enterrée.

Comment a-t-on pu l'oublier ?

Pendant toutes ces années, la chose a pourtant fait des petits. Bien des monstruosités sont nées de la chose monstrueuse.

N'ont-ils donc rien vu ?

Les humiliations. Ils étaient tous réunis à Noël ou pour un anniversaire, et l'homme ne cessait de se mettre en avant, la laissant en arrière, loin, comme une demi-portion, une moins-que-rien.

La perte de confiance. Elle ne croyait pour ainsi dire plus à sa juste place sur un plateau de théâtre ou devant une caméra. Ne se sont-ils donc aperçus de rien ?

Et la violence ? La porte de l'appartement détruite ? Les fauteuils, défoncés ?

Et les coups ?

Les coups, elle n'a jamais rien dit. Elle avait trop honte.

Mais les mains qui tremblent ?

Les épaules rentrées ?

Les sourires absents ?

Le manque de légèreté ?

Comment ont-ils pu les ignorer ?

Pourtant, ils n'ont posé aucune question. Jamais.

Les traces qu'elle laissait, ils les ont toujours effacées.

Elle est en tournée avec la pièce de l'auteure américaine.

Sur scène, elle tape, cogne.

Cogne et cogne et cogne.

À Marseille, est-ce à cause du vieux palace qu'elle n'a pas retrouvé ? À la place, un immense magasin de vêtements ourdis comme ceux des magasins de la rue Saint-Rome, au Bengladesh ou en Chine, par des bien trop jeunes, des bien trop petits, exploités par des criminels, des monstres. Elle décide de ne plus continuer à hurler à travers Ruy Blas, Phèdre, Hermione, Leila, Nora, l'auteure américaine, ou même à hurler sans bruit à travers Agatha.

Elle décide de le dire à ses frères et à sa sœur.

Persuadée qu'après, elle sera débarrassée.

Pour toujours.

Qu'elle n'en rêvera plus.

Depuis qu'il a souri dans le coin du grenier, le frère du milieu revient la nuit dans ses rêves, ou plutôt ses cauchemars.

Elle prendra chacun à part. Déjeunera avec l'un, dînera avec l'autre. Parlera le plus délicatement possible, pour ne pas les choquer. Omettra intentionnellement les détails. Pour éviter que ce ne soit trop pesant, elle passera rapidement à autre chose, de jolis souvenirs, un projet commun, des vacances, le prochain Noël.

Ses frères et sa sœur, qui n'imaginent pas passer un Noël sans elle, qui chaque été, lui proposent de partager leur maison de vacances, qui ont insisté pour qu'elle soit la marraine de l'un ou l'autre de leurs enfants, l'écouteront, la prendront dans leur bras, l'assureront de leur soutien et de leur protection.

Ses frères et sa sœur l'écoutent, mais aucun ne la prend dans ses bras, ne parle de la soutenir et encore moins de la protéger. La protéger de quoi ? Ils ne trouvent pas le monstre si monstrueux.

Ils parlent de jeux d'enfants.

— Ce n'étaient pas des jeux d'enfant.

Puisqu'elle semble ne pas comprendre, ils vont être plus clairs : leur frère c'est leur frère. Il le sera toujours.

Elle ne comprend toujours pas.

Ils vont prendre un exemple. Ils sont comme ça, sa sœur et ses frères, pour qu'elle comprenne, ils se mettent à sa hauteur et lui donnent des exemples. L'exemple, c'est un film. Elle est actrice, le cinéma elle connaît. Dans ce film, le personnage principal a un ami qui lui pourrit la vie.

— Pourquoi tu continues à le voir ? demande un autre personnage du film au personnage principal

— Parce que c'est mon ami. Et quoi qu'il fasse il sera toujours mon ami.

Comprend-elle maintenant ?

Pas vraiment.

Le frère sera toujours le frère. Quoi qu'il fasse.

La famille, toujours la famille. Cette famille transmise par leurs parents, et avant eux, leurs grands-parents.

Quitte à laisser des malades sur le carreau ? Des anorexiques ? Des cancéreux ? Des drogués ? Des alcooliques ? Des qui ne sauront jamais aimer ? Des qu'on traitera de boulet ? Des qui préféreront mourir ?

Oui, même.

Sur scène, elle boxe, tape, cogne.

La monstruosité continue son travail. Ne la lâche pas.

Elle, non plus, ne lâche pas.

Tape, cogne. Se bat.

Elle appelle ses frères, sa sœur. Ils font la sourde oreille. L'un n'a pas le temps, très occupé par son travail, le capital à capitaliser y compris les jours fériés, l'autre préfère franchement parler d'autre chose, plus gaies et réjouissantes, ses compétitions de voile, son fromager, un fromager exceptionnel, un dîner à préparer, des amis à recevoir, une vie tranquille et sans souci. Elle appelle jusqu'à ce qu'ils répondent. Sa sœur, elle, n'évite pas le sujet mais le balaye d'un revers de la main, il n'y a pas de sujet. En revanche, les peintures à refaire dans la maison de leur mère, avant de la mettre en vente, ça, c'est un sujet.

Elle rappelle.

Insiste.

Les supplie de la prendre au sérieux.

La monstruosité la rend folle.

Elle pleure, hurle au téléphone.

Leur demande de lui éviter dorénavant de se retrouver avec le frère du milieu. De la prévenir quand il est là.

Ils ne la préviennent pas.

Elle rappelle.

Les supplie de ne plus organiser d'anniversaire, de Noël, avec eux deux, ensemble. C'est elle, ou le frère du milieu.

Elle les supplie, c'est vrai, de prendre parti et pense qu'ils le feront.

Ils refusent.

S'il vous plaît.

C'est un non sans retour.

Et chaque fois, un coup de poignard.

S'il vous plaît.
Ils raccrochent.
Elle est insupportable à insister comme ça.
Puisque c'est ça, ils feront bloc.

La nuit, elle les voit avancer tous les quatre. Une même ligne, la sœur aînée et les trois frères. De longs manteaux noirs. Des bottes hautes et fracassantes. Ils avancent droit vers elle, sans sourciller. Avancent comme les machines qui aplanissent les routes, inexorablement. Avancent pour l'écraser, comme les machines des routes écrasent les fourmis, les limaces, les escargots, toutes les petites bêtes qui traînent et qui ne valent rien.
Elle ne vaut rien.
Elle voudrait mourir. Se dit même que ce ne serait pas si grave.

Sur scène, elle boxe.
À Lyon,
tape,
cogne.
À Nantes,
tape,
cogne.
À Lille,
tape,
cogne.
À Strasbourg,
boxe,
boxe, toujours.

Elle est à Besançon, Emmanuel D. l'appelle :

— Tu vas bien ?

Depuis tout ce temps. Le théâtre Essaïon, La Criée, le Rond-Point. Plus de vingt ans. Il est marié, il a eu des enfants. Aujourd'hui, il a des théâtres. Il produit des spectacles à succès, expérimentaux ou pas. Il garde un souvenir inoubliable d'*Agatha*. La base. Là où tout a commencé.

Un soir, un homme haut placé au ministère de la Culture leur fit la surprise de venir voir *Agatha* au théâtre Essaïon. Qu'est-ce donc que ce spectacle dont on parle tant ? Emmanuel D. avait passé, comme il se doit, la serpillère dans les toilettes. L'homme à peine arrivé, il s'empressa d'enfiler un blouson, et de courir acheter une bouteille de champagne pour fêter la visite d'importance, quand l'homme du ministère l'arrêta dans son élan :

— Hep, hep, jeune homme !

Il se tourna vers le directeur du théâtre Essaïon :

— Eh bien, vous l'avez trouvé, votre successeur. C'est ce garçon qu'il vous faut !

Il laissa Emmanuel D. courir acheter de quoi le recevoir. Les attentions, les bulles, les honneurs, l'homme haut placé au ministère adore ça.

Emmanuel D. fut nommé directeur du théâtre Essaïon dans les mois qui suivirent.

Il dirigea le petit théâtre du Marais pendant trois ans, puis en dirigea un autre, puis un plus gros, puis plusieurs, et, il y a cinq ans, ajouta à sa collection de théâtres un festival d'opéra. Il fréquente les grands hôtels, les grands restaurants, part à l'autre bout du monde, quelquefois même en jet privé.

— Ça me fait plaisir de t'entendre.

À elle aussi, ça lui fait plaisir.

Il voudrait reprendre *Agatha* dans un de ses théâtres.

— En province d'abord, puis à Paris. Tu as lu la dernière biographie de Duras ?

Elle avoue que non.

Il vient de la feuilleter dans une librairie, il ne l'a pas achetée, ne l'achètera sûrement pas. Encore une fois, on ne mentionne ni le nom de Pierre T., ni celui de Vincent G.

— Ni le tien. Alors il serait peut-être temps de remettre les pendules à l'heure.

— À l'heure ?

— Faire un coup, si tu veux.

— Un coup ?

— Peu importe, c'est mon boulot. C'est vous deux qui avez créé la pièce. Et je ne vais pas me gêner pour le faire savoir. On a des preuves. En tout cas, moi je les ai.

Des archives radiophoniques, de longs entretiens pendant lesquels Marguerite Duras parle de ces deux très jeunes acteurs qui défendent avec grâce son texte dans un petit théâtre du Marais.

La chronique du journal télévisé, toujours consultable, en ligne sur le site des archives de l'audiovisuel. On entend Marguerite Duras dire :

*Ils jouent avec une très grande pureté. Il n'y a pas l'ombre d'une vulgarité possible. Ils peuvent tout jouer ces deux-là.*

Les photos, sublimes, en noir et blanc de Nicolas T.

Le dossier de presse, corné, jauni, taché, qu'Emmanuel D. a conservé dans un carton et qu'il emporte avec lui de théâtre en théâtre.

La promesse faite à la sortie du Rond-Point un soir de juin, promesse tenue, datée, signée, qu'Emmanuel D. a classée dans ses archives :

*Cher Pierre T., je viens vous confirmer ici que j'autorise* (et elle cite vos noms, précise Emmanuel D. au téléphone) *à jouer* Agatha *sous votre direction.*

*Très affectueusement vôtre, M.D.*

Emmanuel D. n'a rien oublié.

Elle non plus, n'a pas oublié. Comment oublier ? *Agatha* l'avait sauvée.

La sauverait-elle aujourd'hui encore ?

Saurait-elle stopper net ses frères et sa sœur qui, en bottes fracassantes et manteaux noirs, avancent vers elle chaque soir maintenant dès que la nuit tombe, prêts à l'écraser, la faire taire pour toujours ?

— Tu rentres quand à Paris ? demande Emmanuel D.

— Dans une semaine.

— J'y serai aussi. On se voit ? Et on en parle ?

Elle attend d'être chez elle avant de relire *Agatha*.

Plutôt que celui des librairies, elle préfère retrouver son exemplaire. Le texte que Duras a coupé, écrit rien que pour eux.

Elle laisse sa valise dans l'entrée, la défera plus tard.

Dans le salon, les livres débordent des étagères, qu'elle s'était décidée à installer quand elle avait cru au rangement, tout dire et ce sera terminé.

D'autres livres s'entassent en piles à même le sol, d'autres donnent de la hauteur à une lampe ou soutiennent un plateau pour en faire une table.

Elle cherche d'abord *Agatha* sur les étagères. Elle n'a pas classé ses livres par ordre alphabétique. Ne détesterait-elle pas se retrouver coincée à côté d'un homme ou d'une femme sous prétexte que son nom commence par la même lettre que le sien ? Coincée par exemple à côté du frère du milieu ?

Pas d'*Agatha* sur les étagères du salon.

Restent les piles à même le sol. Elle y retrouve, *L'Été 80, Détruire dit-elle*, elle les a tant aimés, *La Vie matérielle*, elle ne l'a pas encore ouvert, pardon Marguerite, pardon.

Mais pas d'*Agatha* dans les piles à même le sol.

Elle enlève tout ce qui traîne sur la table, envoie valdinguer le plateau, plus de convives, plus de dîners, envoie valdinguer tous ces auteurs français et étrangers qu'elle a laissés prendre leurs aises sur Marguerite Duras, pardon Marguerite, pardon, j'ai été ingrate, vous qui m'avez acceptée, choisie, accompagnée, sauvée. Sous Strindberg, Ibsen, Bergman, pardon Marguerite, pardon, elle retrouve enfin l'exemplaire d'*Agatha*, une étoile bleue sur la couverture blanche, je suis si heureuse, Marguerite, si heureuse de vous retrouver.

Elle relit aussitôt *Agatha*, comme elle est, debout, dans le salon, au milieu d'une partie de la littérature mondiale à terre sur la tomette.

Vincent G. l'a appelée. Lui aussi va relire *Agatha*, et vite.

Elle n'a pas lu cinq pages, *Agatha* vole en éclats.

Elle est folle de rage.

Comment Duras a-t-elle osé écrire ce qu'elle vient de lire ?

Comment a-t-elle pu ?

Sous prétexte de littérature, justifier l'injustifiable ?

Mettre la monstruosité sur un piédestal ?

En faire une œuvre d'art ? Une pièce de théâtre ?

*De cet amour que nous avons l'un de l'autre ?*

Mais elle n'a pas d'amour pour le frère du milieu.

Pas d'amour, il la dégoûte.

*Mon amour, Agatha… Ma sœur, Agatha… Mon enfant… Mon corps, Agatha.*

Comment a-t-elle pu jouer ça ?

Des mois. Des années.

Et croire, le jour de la dernière, qu'en ne disant plus ces mots, elle allait se taire ?

C'est en les disant qu'elle s'est tue.

Comment avait-elle pu être aveugle à ce point ?

S'était-elle laissé prendre elle aussi, par le style Duras, les mots Duras, la musique Duras ?

Elle avait vingt ans, aujourd'hui elle en a quarante-cinq, pas question de se laisser prendre à nouveau.

Aucun drap blanc sur les fauteuils ne couvrira plus la poussière, ni la monstruosité.

On sonne à la porte.

Qui peut bien sonner ?

— Gaspard.

Le nouveau voisin.

— Vous n'étiez pas là, je n'ai pas encore eu l'occasion de me présenter.

Elle, ne se présente pas. Ce n'est pas aujourd'hui qu'elle va retrouver son prénom.

— Ça vous dérange si je laisse quelques meubles sur le palier ? Le temps de terminer les peintures dans mon appartement.

Ça, ça ne la dérange pas.

— Et vous ?

Elle le regarde, surprise, ne comprend pas.

— Vous déménagez ?

— Non, je mets de l'ordre.

— Si je peux me permettre, vous avez une drôle de conception de l'ordre.

Il rit. Elle aussi. Ça fait du bien de rire.

— Je me suis battue.

— Avec qui ?

— Marguerite Duras. Un combat de boxe.

— Je ne savais qu'elle pratiquait les sports de combat.

— Parce que vous la connaissez ?

Il a lu.

Aujourd'hui tout le monde a lu Duras.

— J'aime beaucoup.

— Moi, je déteste. Pardon… Je vous dis des choses… On ne se connaît pas.

Eh bien qu'ils fassent connaissance.

— Passez boire un verre, un soir ? Quand les peintures seront terminées. On reparlera de Duras.

Certainement pas. *Agatha*, terminé. Et les autres ? *L'Été 80, Détruire, Le Ravissement* ? Dans le même panier. Même ceux qu'elle n'a pas lus, dans le même panier. Elle sait maintenant à quoi s'attendre avec Duras. Ou plutôt sait qu'elle n'a rien à en attendre. À part en rire. Oui, en rire, comme Patrick R. D'ailleurs, pour bien se le prouver, si tant est qu'elle ait encore besoin de se le prouver, elle va ouvrir un livre, n'importe lequel, au hasard. Elle est tellement sûre d'y trouver du maniéré, du surfait, du ridicule, tout ce qu'elle a entendu tant de fois reprocher à Duras. Duraze, rasoir. Elle aurait dû écouter son père.

Et ce qu'elle cherche, elle le trouve. Ce n'est pas difficile. Il suffit de vouloir et d'enlever de son contexte.

Tuer Marguerite Duras, ce n'est pas bien compliqué.

*On ne peut pas posséder une vache à Paris,* écrit M.D. Depuis 1984, on l'appelle M.D.

Elle éclate de rire. Merci Marguerite. Vraiment, merci pour cette information majeure. Effectivement, à bien y réfléchir, à Paris, et même en petite ou grande couronne, elle ne connaît personne qui possède une vache comme animal de compagnie. Ni qui ait le projet d'en adopter une. Un chat ou un chien, oui, mais une vache, non. Et à bien y réfléchir, parce que le sujet mérite réflexion, elle n'a jamais vu personne se promener sur les Champs-Élysées ou les grands boulevards avec une vache en laisse, personne non plus prendre le métro avec une vache dans un panier.

Mais merci Marguerite, l'information est capitale. Essentielle.

Autre chapitre. Autre source de réflexion.

Cette fois, elle n'a pas envie de rire. Pas du tout.

*Beaucoup de femmes ne savent pas résoudre le désordre.*

Ranger ? Enlever la poussière ? La saleté ? Pas de trace sur les carreaux ? Ne mets pas tes doigts sur les vitres. Tout d'abord Marguerite, résoudre le désordre n'a pas de genre. Ensuite, elle connaît des femmes, des hommes qui savent très bien résoudre le désordre. Sa sœur aînée par exemple. Ses frères, aussi.

Un coup de chiffon et plus de désordre.

Quel désordre ?

Tout est propre. La poussière sous le tapis. La monstruosité sous silence. Les draps blancs sur les fauteuils.

Comme vous, Marguerite. Pas de crime, pas d'inceste, une jolie histoire d'amour.

Pour tuer Marguerite Duras tout à fait, elle achète *Virginie Q.*

L'emporte dans le métro, dans le train quand elle part en tournée. Chaque page la fait rire.

— Qu'est-ce que tu lis de si drôle ? lui demande un des acteurs qui joue avec elle dans le spectacle.

— Un auteur qui écrit des choses justes sur une auteure qui écrit des choses fausses.

Elle aurait le numéro de Patrick R., elle l'appellerait pour s'excuser. Si elle avait su, vingt ans plus tôt, elle l'aurait défendu devant les caméras, aurait affirmé face à l'objectif que chacune de ses phrases fait mouche, qu'il est juste et drôle, et combien M. D. mérite qu'il le soit.

Vincent G. a relu *Agatha*.

— On est trop vieux, dit-il.

— Je ne sais pas, Vincent, mais moi, je ne veux plus jamais dire ce texte.

— On devrait passer à autre chose.

— Avec plaisir.

— Je vais réfléchir, puisque l'idée te plaît.

Être à nouveau sur un plateau de théâtre avec Vincent G., certainement, l'idée lui plaît.

En rentrant chez elle ce soir-là, elle s'aperçoit que les meubles de Gaspard entreposés sur le palier ne sont plus là.

Elle n'avait même pas pris la peine de les regarder.

Elle a rendez-vous avec Emmanuel D. dans un hôtel chic du premier arrondissement.

— Je suis tellement heureux à l'idée de vous retrouver, toi et Vincent, lui dit-il en l'embrassant.

Sous ses airs d'homme d'affaires, Emmanuel D. est un sentimental.

Le ciel est très bleu, ce matin-là. Il y a des jours où, pour dire ce qu'on a à dire, se souvenir de ce dont a à se souvenir, il vaut mieux que le ciel ne soit pas trop gris, pas trop triste.

Le serveur apporte un thé, un café crème, des croissants. Le crème est délicieux.

Emmanuel D. prend un croissant, elle aussi.

Il s'installe confortablement dans le fauteuil en cuir de l'hôtel chic du premier arrondissement.

— Je me souviens très bien comment le projet d'*Agatha* a commencé. Je m'en souviens comme si c'était hier.

— Moi aussi. Pierre T. m'a enregistrée pendant les cours, il ne m'avait même pas prévenue.

— Non. Tout a commencé par une fascination. La fascination qu'exerce une jeune fille auprès d'un certain nombre de gens.

Une fascination ?

— Auprès de gens plus âgés.

Plus âgés ?

— Des professeurs.

Des professeurs ?

— Comme Pierre T.

Pierre T. ?

Elle repose le croissant dans la corbeille. N'y touchera plus.

On y revient.

On y revient toujours. Même vingt, trente ans plus tard. Même si on veut parler d'autre chose, d'amitié, de fidélité, de théâtre, de littérature, on y revient.

À travers la baie vitrée, elle aperçoit le Louvre. À l'intérieur, Mona Lisa.

Selon les statistiques, Mona Lisa exercerait cette coupable fascination sur quinze à vingt mille visiteurs par jour. Un record. Des vieux, des jeunes, des hommes, des femmes. Des fascinés du monde entier.

Au-delà des statistiques, on essaie de comprendre comment elle fait, et si elle le fait exprès. Comme ces femmes qui marchent dans la rue, en robes plus ou moins transparentes, trop longues ou trop courtes, en pantalon, plus ou moins moulants, taille trop basse ou trop haute. Comme ces femmes qui boivent des verres dans les bars, les jambes trop croisées ou trop écartées, ces femmes qui prennent des cours de théâtre et qui, même à dix-huit ans, fascinent. Attirent. Prennent au piège.

Quand cela cessera-t-il ?

Ça a commencé, elle avait dix ans.

Elle était jolie avec son petit short en jean, ses cheveux blonds coupés courts, son corps gracile.

Déjà coupable.

Mais comment fait-on pour fasciner quand on a dix ans ?

On se sert de son intelligence ? De ses compétences ? De son humour ? De son ambition ?

De son corps ? De ses yeux ? De sa bouche ?

Pendant combien d'années ces allusions sur sa bouche ? Une grosse bouche, disait-on. Combien de sous-entendus salaces ? Elle rougissait. Détestait.

Était-elle naïve de rougir ainsi ? Ou perverse ? C'est ça perverse, on la prétendait faussement naïve.

Pourtant.

Les cours à la Rue Blanche ont commencé depuis un mois. Elle sort du métro, un homme l'interpelle.

— Mademoiselle, mademoiselle.

Elle s'arrête. Se retourne. On lui a appris à rendre service.

— Vous ne voudriez pas devenir hôtesse ?

L'homme porte des lunettes de soleil, une mauvaise veste en cuir.

— Non, merci. Je veux devenir comédienne.

Il hausse les épaules.

— Comédienne ?

— Oui, faire du théâtre.

— Du théâtre ? Ça ne doit pas gagner grand-chose, ça.

L'homme enlève ses lunettes, il sera peut-être plus convaincant. Il sourit, un sourire pas bien propre :

— Hôtesse, croyez-moi, ça rapporte beaucoup plus.

Les cours commencent dans dix minutes, elle ne veut pas être en retard, mais pas impolie, non plus :

— Excusez-moi mais mon père travaille dans l'aviation, alors si un jour je veux devenir hôtesse, c'est lui que j'irai voir en premier. Au revoir.

Elle tourne les talons, descend la rue Blanche.

L'homme la regarde s'éloigner, ahuri. Toute la journée, il se demandera si c'était une blague.

Ce n'était pas une blague.

Emmanuel D. presse le quartier de citron dans son thé. Prend un deuxième croissant, s'installe plus à son aise dans le fauteuil.

— Oui, tout a commencé par une véritable fascination.

On dirait qu'il parle d'une maladie. D'un mauvais virus qu'elle aurait pu transmettre.

S'ils changeaient de sujet ? Parlaient viennoiserie, croissants, puisqu'il a l'air d'apprécier. Il y a de très bonnes boulangeries à Paris, raffinées, très chères, fréquentées très certainement par des gens qui voyagent en jet privé.

Mais Emmanuel D. ne veut pas changer de sujet.

— Pauvre Pierre T., il n'avait d'yeux que pour toi. Dès le premier jour, dès que tu es entrée dans la salle de cours, et ça ne s'est jamais arrêté. Pendant les répétitions, Vincent pouvait proposer tout ce qu'il y avait de plus génial, et il en était capable, on connaît l'acteur, Pierre n'écoutait que toi. Ta Duras, disait-il, comme s'il n'y avait que toi qui pouvais la comprendre.

— Mais non.

Elle ne se sent plus très bien devant son crème.

— Mais si. Ta Duras, qui parlait de toi en disant, *elle est belle, mais elle s'en tape*. Il était tellement fier quand il nous l'a répété. Transi d'amour. Complètement fasciné.

Elle repousse le crème loin sur la table.

— Pour toi, il voulait toujours ce qu'il y avait de plus beau. On n'avait pas beaucoup d'argent, mais pour ton costume, il voulait de la soie, du cachemire, les grandes marques.

La nausée.

La nausée qui monte.

— Le pauvre. Il a dû être tellement malheureux. Tellement jaloux, de tous ces hommes qui se sont succédé dans ta vie.

Jaloux ?

Elle avait vingt ans, Pierre T. cinquante.

Elle va vomir.

— En plus tu étais formidable, tout le monde le disait, les journalistes, les spectateurs, Marguerite Duras, la première. C'est normal, je lui ai dit, elle est amoureuse de son frère.

Son frère ?

Quel frère ?

Elle va trouver la force. Se lever et partir.

— C'est vrai, vous étiez tout le temps ensemble.

Mais non.

Pas lui. Ils marchaient peut-être des heures main dans la main dans tout Paris, il était peut-être là à la première et à la dernière au théâtre Essaïon, à la première et à la dernière au théâtre du Rond-Point, là souvent après la représentation pour savoir comment ça s'était passé et se réjouissait de ce qui pouvait la réjouir, mais non, pas lui.

— C'est pour ça que cette loge unique, pour toi et Vincent, te déshabiller devant lui, ça ne te gênait pas. Puisque tu avais été élevée avec des frères. Tu étais habituée.

Habituée à leur montrer son corps ? Normal qu'ils en aient la primeur ?

De l'air, s'il vous plaît, de l'air.

— Tu vois, pour moi, *Agatha* c'est une histoire d'amour magnifique. L'histoire d'un amour absolu, parce que interdit. Interdit entre le frère et la sœur, entre Pierre T. et toi, entre ton frère et toi.

Elle va se lever, et tout fiche par terre. La table et toutes ces choses délicates et élégantes. Les croissants dans leur corbeille, la théière et ses précieuses tasses en porcelaine, les petites assiettes et leurs cuillères en argent, le napperon blanc et ancien sur le plateau, les souvenirs, le passé.

Mais vigilant toujours, le garçon accourt, demande si tout va bien.

— Oui, merci Julien, répond Emmanuel D., qui n'a rien vu venir.

— Votre prochain rendez-vous attend, monsieur.

— Merci, je n'ai pas fini.

Emmanuel D. apprécie Julien et son professionnalisme.

Il connaît ses habitudes, le quartier de citron avec le thé, le sucre sans sucre, et la table qu'il préfère, au coin à gauche, devant la fenêtre. Julien sait reconnaître les personnes qu'on peut faire attendre, comme cette jeune actrice, assise sagement sur sa chaise, tremblante, si seulement elle pouvait avoir le rôle pour lequel monsieur D. lui a accordé cet entretien, et celles qu'il vaut mieux ne pas faire patienter comme ce directeur de cabinet avec lequel Emmanuel D. a rendez-vous à treize heures tapantes pour déjeuner.

Elle se lève, n'a rien fichu par terre.

Pourquoi est-ce si difficile de tout fiche par terre ?

— Tu t'en vas ?

— Oui. Il y a cette jeune fille qui t'attend, et puis on ne va pas rejouer *Agatha*, Emmanuel.

Il est déçu.

— Pourquoi ? J'aime tellement ce texte.

Elle ne donne pas d'explication. Ce n'est ni le lieu, ni le moment, ni la personne adéquate.

— Mais avec Vincent, on pense à une autre pièce. On t'appelle ?

— Bien sûr, quand vous voulez.

Il se lève, la prend dans ses bras.

Une si longue amitié, on ne la laisse pas.

Elle marche vite sous les arcades de la rue de Rivoli. Mais même vite, elle n'échappe pas à *Agatha*.

— *Comment étaient ses yeux ?*

— *Bleus. Très bleus.*

Des six enfants, ils sont les seuls, le frère du milieu et elle, à avoir les yeux bleus.

— *Ils ont la même fragilité des yeux, de la peau. La même blancheur.*

La même, celui qui a été si malade quand il était petit, et elle dont il a abusée quand elle avait dix ans.

— *Il était son aîné à elle, de cinq ans.*

Sept, presque huit.

— *Je suis votre frère et nous nous aimons.*

Elle, le déteste. Il lui a tout pris. Son enfance. Sa légèreté. Sa confiance. Sa prudence. Sa capacité à aimer et à être aimée.

*— Je ne savais pas la différence qu'il y avait entre le regard de mon frère sur mon corps nu, et le regard d'un autre homme sur ce corps. Je ne savais rien de cela, de ces choses interdites, ni combien elles étaient adorables, vous voyez.*

Adorables ?

Elle a envie de vomir quand il la regarde.

On dirait qu'il la déshabille. Qu'il jouit de la déshabiller devant tout le monde.

Il l'appelle ma sœurette. Ma chère sœurette.

Comme si cette toute petite chose, elle, n'était qu'à lui.

Elle déteste.

Sa sœur et ses deux autres frères ne changent pas de position. C'est même le mot d'ordre : rien ne doit changer.

Rien ?

Alors c'est elle qui va changer.

Elle a dit non à *Agatha* ? Elle va dire non au monstre et à sa monstruosité.

Elle lui envoie un message.

Qu'il ne l'appelle plus

Ne lui écrive plus.

Ne la voie plus.

Jamais.

Le monstre tombe des nues. Jamais, on ne lui a interdit quoi que ce soit.

Il continuera donc à agir comme bon lui semble, à aller aux anniversaires, aux mariages, aux baptêmes, aux enterrements, même si elle est là.

Elle appelle sa sœur, ses deux autres frères.

S'il vous plaît, aidez-moi.

Elle y croit encore. C'est difficile de ne plus compter sur l'aide de sa sœur ou de ses frères.

S'il vous plaît.

Je ne peux pas. Je ne peux plus le voir. Je fais des cauchemars la nuit.

Ils lui répondent. D'abord, il faut qu'elle se calme. Elle manque de mesure. Elle en fait toujours trop. Il y a des choses plus graves que d'apercevoir un de ses frères à un baptême ou à un anniversaire. Elle n'est pas non plus obligée de lui parler. Et puis il faut qu'elle comprenne que dans la vie, surtout dans la vie de famille, il faut savoir faire des efforts. Des concessions. Ce n'est pas toujours aux autres d'en faire. Et de quel droit exigeraient-ils du frère du milieu qu'il ne soit pas présent à tel ou tel événement sous prétexte qu'elle, y est présente ? Il est leur frère autant qu'elle est leur sœur. Pourquoi l'excluraient-ils ?

Parce que...

Parce qu'il lui a fait du mal.

Elle pleure. Ne s'arrête pas de pleurer au téléphone.

S'il vous plaît, aidez-moi.

À l'autre bout du fil, on commence à perdre patience. Et puis on a autre chose à faire, à penser. Au travail. Aux enfants. Aux vacances. À la maison de la mère qui prend l'eau. Il faudrait s'en occuper. Y pense-t-elle ? Au lieu de ressasser ces vieilles histoires. Parce que tout ça c'était il y a longtemps, très longtemps même. Alors, maintenant qu'elle est au crépuscule de sa vie...

Au crépuscule, vraiment ? La nuit bientôt ? À quarante-sept ans ? Ou bien la nuit, encore. La nuit, toujours.

Elle ferait mieux de passer à autre chose, d'oublier.

Oublier ?

Elle ne peut pas. Elle voudrait, elle ne pourrait pas. Ça revient, sans arrêt. Sans prévenir.

Avec un homme, tout à coup une gêne atroce, elle se rhabille, part en courant. Il la retient, voudrait comprendre, tu n'aimes pas ? Ce n'est pas qu'elle n'aime pas, c'est qu'elle ne peut pas. Et la honte que c'est de ne pas pouvoir.

Avec une vendeuse au rayon maquillage. Elle hésite devant un rouge à lèvres, après tout, pourquoi pas ? Ça vous irait bien. La vendeuse sourit, mielleuse et tentatrice.

Avec une maquilleuse sur un tournage. Et si on en mettait ? ce serait bien pour le personnage.

Avec une amie, elles se préparent pour aller à une soirée. L'amie sort de son sac son tube de rouge à lèvres, tu en veux ?

Non.

Non, elle ne peut pas.

Avec la bouche qu'elle a, ça suffit comme ça. Pas la peine d'en rajouter.

Elle regarde un film avec des amis. L'actrice se relève, essuie sa bouche. Cut. On comprend très bien ce qu'elle vient de faire.

— Elle est canon cette scène, dit l'un d'eux.

Elle, la honte lui vient. Les épaules se crispent. Le dos se ferme sur son cœur. Elle ne répond pas. Parle d'autre chose. Surtout, d'autre chose.

Gaspard a glissé un petit mot sous sa porte.

Est-elle libre pour venir boire un verre ?

Elle est libre.

L'appartement est blanc, les rideaux en velours, la bibliothèque pleine de livres, les petites lampes sur les étagères portent leur abat-jour de travers, et sur les fauteuils, elle croit voir des oiseaux bleus.

Elle ne s'attendait pas à rencontrer un homme qui a chez lui tant de choses qui lui plaisent.

Il lui tend un verre.

— La Callas, ça te va ?

La Callas, ça lui va très bien.

— Alors avec Duras ? Pas de nouveau combat ? Vous vous entendez mieux ?

— Pas vraiment.

— Qu'est-ce qu'il s'est passé ?

— C'était il y a longtemps.

— Si longtemps que ça ?

Il la regarde, sensible et délicat. Attend patiemment sa réponse. Sur les fauteuils, des oiseaux bleus ont réellement fait leur nid. Alors elle le lui dit :

— J'ai cru qu'un de ses textes pourrait me sauver.

— Lequel ?

— *Agatha*.

Il voit très bien. Il l'a lu, il y a quelques années. Il a beaucoup aimé.

— C'est magnifique.

— Certainement pas, non. Un texte pareil, ce n'est pas possible. Vraiment pas possible. Et ses *Elle* et ses *Lui*, ses *vous*, alors qu'ils sont frère et sœur. Tu vouvoies ton frère ou ta sœur, toi ? Ses personnages évanescents, sa musique mais quelle musique ? Elle parle de chose grave, d'inceste.

Elle prend une voix atone, une singularité forcée, ponctue chaque mot de silences interminables, comme on caricature un interprète de Duras :

— *La force si terrible de cet amour que nous avons l'un de l'autre.*

Elle fait rire Gaspard. Le fait bien rire même.

— Ce n'est pas drôle, elle parle d'un crime.

— Je sais.

Sait-il ?

— Qui peut avoir des conséquences catastrophiques. Ce n'est pas la peine de les rappeler ?

Pas la peine. Il est au courant.

— Alors au lieu de faire de la poésie, de la prétendue grande littérature, elle ferait mieux de dénoncer. De condamner. Ou de ne pas en parler.

— Je comprends.

Comprend-il vraiment ?

On dirait.

— Et tout est blanc, impeccable, pas de trace, sutout pas. Elle n'a jamais rien vécu, ou quoi ?

— Tu as lu *La Vie matérielle* ?

— Non.

Même si en vérité elle a lu les quelques lignes sur les vaches à Paris, les femmes et le désordre, mais devant Gaspard elle préfère ne pas mettre en avant sa mauvaise foi. Ça ne la grandit pas.

— Je te l'apporterai, si tu veux.

Oui, elle veut.

Que Gaspard lui apporte un livre, même plusieurs.

La Callas a fini de chanter.

Quand ils se quittent, il se permet une caresse sur sa joue.

Un oiseau bleu s'envole.

Dis, Gaspard, quand nous reverrons-nous ?

— On se revoit quand tu veux, dit-il en la laissant sur le palier.

Sa sœur aînée, préférant éviter toute conversation, lui a envoyé un mail pour l'inviter à son anniversaire. Un anniversaire important. Une nouvelle dizaine.

Elle répond : le frère du milieu sera-t-il là ?

Sa sœur aînée répond : ne me demande pas de choisir.

Elle prend son téléphone : avant de pouvoir dire oui, elle veut savoir. S'il est là, prévient-elle, elle ne viendra pas.

Cette fois, ça en est trop.

— Tu dépasses les bornes.

La sœur aînée monte sur ses grands chevaux. Et, avertit-elle, il se pourrait bien que ses deux autres frères et son mari la rejoignent, ils adorent les westerns, les cow-boys qui galopent dans la pampa et terrorisent les Indiens. Non mais c'est qui les plus forts ? Ils vont lui montrer qui fait la loi, qui dicte les règles.

— Maintenant, y en a marre, crie la sœur aînée au téléphone.

Elle est vraiment trop emmerdante avec ses questions, pardon mais il n'y a pas d'autre mot.

— Relou ? lui souffle son fils de dix-sept ans qui passe par là.

— Toi, va dans ta chambre.

Oui, emmerdante. On parle d'un anniversaire. Son anniversaire. Qu'elle souhaiterait léger et joyeux, c'est trop demander ? Déjà que ce n'est pas drôle de vieillir. Ça elle ne le dit pas mais le pense très fort. Ne souhaite-t-on pas un joyeux anniversaire ? S'ils pouvaient juste se retrouver tous ensemble et parler du printemps, de l'été, sabrer tranquillement le champagne dans le jardin. C'est tellement drôle de gaspiller dans l'herbe la moitié d'une bouteille de champagne.

Au lieu de ça, madame complique, pose des questions.

Et gâche.

On commence à lui en vouloir sérieusement de gâcher. À choisir, puisque c'est ce qu'elle demande, on préfère passer de bons moments avec celui qui a été si malade quand il était petit. Lui au moins ne pose aucune question. Aucun problème. Sourit quoi qu'il arrive, content de lui, content de sa vie.

On préfère la présence du frère du milieu à celle de sa sœurette, qu'elle est, et restera toujours ?

Il ne se gêne plus. Pourquoi se gênerait-il ?

Elle lui a demandé de ne plus lui écrire ? Il lui écrit.

Quand elle trouve l'enveloppe dans la boîte aux lettres, son cœur s'arrête de battre. L'écriture. Elle croit reconnaître celle de son père. Ce n'est pas possible, il est mort, il y a cinq ans. Elle retourne l'enveloppe, loin d'imaginer ce qu'elle va découvrir, elle avait eu la naïveté de croire que ce qu'elle avait demandé, il le respecterait. Un nom et une adresse écrits lisiblement au dos. Lisiblement, qu'elle ne s'y trompe pas.

C'est lui.

Le monstre dans toute sa monstruosité.

Qui a tous les droits.

Elle récupère, elle ne sait comment, la force de monter l'escalier jusqu'à son appartement, de glisser la clé dans la serrure même si c'est difficile en tremblant comme elle tremble. Elle ne peut pas plus. Elle s'écroule en larmes dans l'entrée.

Elle n'ouvrira pas l'enveloppe.

Se laissera détruire.

Écrabouiller.

Comme les escargots et les petites bêtes sur les routes.

Elle abdique.

Laisse tout tomber.

Et puis, non.

Elle lira la lettre. Lira chaque mot. Lira jusqu'au bout.

Le ton est calme, clair, se permet même d'être pédagogique :

Sait-elle bien qu'avec ses exigences, ses complications, elle rend la vie impossible à chacun ? Pas simplement à ses frères et à sa sœur, mais aussi à leurs conjoints, leurs enfants, et un jour, à continuer ainsi, et il ne voit pas qui l'arrêtera si ce n'est lui en lui écrivant cette lettre, à leurs petits-enfants. Mais les enfants, qu'ont-ils à voir avec tout ça ? N'ont-ils pas droit à la paix, l'insouciance ?

La paix ? L'insouciance ?
Elle avait dix ans.
Elle aussi y avait droit.

Ce sont les mots de trop.
La lettre de trop.

Il lui reste un an pour pouvoir porter plainte. Après, ce sera trop tard, elle aura quarante-huit ans, il y aura prescription.

Elle prend une avocate.

Un soir, glissé sous sa porte, elle trouve *La Vie matérielle* de Marguerite Duras.

Gaspard a ajouté un mot : *Tu lis et on en parle ?*

L'avocate s'est immédiatement saisie du dossier. Tout est allé très vite.

Quinze jours plus tard, elle est convoquée au commissariat. Une capitaine la reçoit.

Quatre heures et demie d'audition.

Quatre heures et demie insoutenables.

La capitaine lui demande de se souvenir avec la plus grande précision.

Son âge exact.

Sa classe, CE1 ? CE2 ? CM1 ?

L'âge exact du frère du milieu.

Sa classe à lui, seconde ? Première ? Terminale ?

Les lieux.
Le plan de la maison.
Le nombre de pièces, de chambres.
L'agencement de la sienne.
Sa proximité avec celle du frère du milieu.
L'agencement de celle du frère du milieu.
Le nombre de pas pour y aller.
Le nombre de fois.
Les circonstances.
La nuit ? Le jour ?
La durée.
Les vêtements. Leur couleur. Portait-elle des vêtements de nuit ? De jour ?
S'ensuivent des précisions, que, jusque-là, elle n'a jamais précisées.
Des questions, que, jusque-là, elle ne s'est jamais posées.
Était-il nu ?
Ou juste le pantalon baissé ?
Baissé jusqu'où ?
A-t-il éjaculé ?
Où ?
Elle ne sait pas.
La capitaine repose la question.
Où ?
Dans sa bouche de dix ans ?
Sur son visage ?
Ou bien dans sa main, à lui ?
Elle ne sait pas.
Ne se souvient pas.
A sans doute tout fait pour ne pas se souvenir.

Un mois plus tard, expertise psychiatrique.

Une heure et demie. Froide. Dure.

Quatre mètres carrés. Un bureau, deux chaises. Pas de fenêtre. Pas de sourire. Ni de poignée de main.

On vérifie qu'elle ne ment pas.

On ne plaisante pas.

Du côté de ses frères et de sa sœur, on ne plaisante pas non plus.

Elle a osé porter plainte ? Elle est rayée de la liste.

On ne lui annoncera plus aucune nouvelle, ni bonne, ni mauvaise.

Des enfants peuvent naître, elle ne le saura pas.

On organisera une fête de famille avec tous les cousins cousines, elle ne sera pas invitée.

Une tante, un oncle tombera gravement malade, mourra, elle n'aura qu'à l'apprendre par quelqu'un d'autre.

A-t-elle bien compris ?

Elle ne fait plus partie de la famille.

Et au cas où ce ne serait pas suffisamment clair, sa sœur aînée met les points sur les i : je suis maintenant la seule fille de la fratrie, écrit-elle dans un dernier message. Tu as porté plainte dès réception de la lettre de ton « agresseur », si « agresseur » il y a, ce qui reste encore à prouver, cela s'appelle de la trahison. Si ça te soulage et que tu t'en portes mieux.

Elle a refusé de mourir.

Gaspard envoie un message :

— Tu as lu ?

— Pas encore.

— Alors j'attendrai.

Peut-être pourrait-elle lire maintenant. Lui faire confiance. Comme elle a fait confiance à Brigitte R., à Samuel L. Pas seulement à cause des oiseaux bleus sur les fauteuils, mais à cause de son sourire, de ses questions soucieuses et patientes.

Elle lit *La Vie matérielle*.

Cette fois elle ne s'arrête pas aux vaches dans Paris, ni au désordre que ne savent résoudre les femmes, elle lit d'une traite, souligne des phrases, des passages entiers, corne des pages, et referme le livre, sous le choc. Bouleversée.

Marguerite Duras aussi a refusé de mourir.

Comment n'a-t-elle pas compris avant ?

Elle va chercher dans les autres livres de Duras qu'elle s'était promis de ne plus jamais ouvrir, qu'elle ouvre maintenant, impatiente de savoir.

Elle achète ceux qu'elle n'a pas.

Fouille sur le net.

Écoute des interviews.

Dans quel fleuve a-t-on voulu noyer Marguerite ?

Sur quelle route a-t-on voulu l'écraser ?

Dans quel pays ?

La nuit ?

Le jour ?

Quel âge avait-elle ?

Et l'agresseur ?

A-t-il recommencé ?

Combien de fois ?

Elle trouve.

La première fois, Marguerite a quatre ans. Lui a onze ans et demi. C'est son frère.

Sa mère lui demande d'oublier. Elle n'oubliera jamais.

Marguerite a quinze ans et demi. Il en a quarante, c'est l'amant chinois.

Marguerite a seize ans, elle est dans un train. L'homme a trente ans.

Et des années plus tard, l'alcool. La violence.

*Il frappait. Le visage et certains endroits du corps. On ne pouvait plus s'approcher l'un de l'autre sans avoir peur.*

Elle écrit *c'est mon frère qui m'a fait croire à la malfaisance native de l'homme.*

Plus loin, encore : *on ne peut pas oublier.*

Combien de livres pour essayer ?

Combien de livres à en mourir ?
Combien d'amours gâchées ?
Combien d'autres espérées, sublimées.
Et *Agatha* pour ne pas tomber.

Alors, un soir de juin, au théâtre du Rond-Point, quand une toute jeune actrice, malgré ses vingt ans, son peu d'expérience, et ses trois quarts d'heure de retard, lui soutient :

— Agatha, c'est moi. À trente, quarante, cinquante ans, ce sera toujours moi.

Elle la reconnaît.

Une sœur.

Elle lui donne *Agatha*. Bien sûr qu'elle la lui donne.

Elle a écrit.

La toute jeune actrice jouera.

C'est ça aussi être sœurs.

Partager l'expérience du même crime.

Partager la même rage, et pour se sauver, la même illusion.

Partager un texte au plus profond.

— *Cet été était-il aussi beau que nous le disons ?*

C'était un été lugubre et froid, Marguerite.

À oublier.

Même si on le sait vous et moi, on ne peut pas oublier.

La mer ne cessera jamais de rapporter sur la plage les souvenirs sombres.

Un jour, pourtant, elle retournera ramasser des mûres. Cueillir des figues.

Les figues haut dans l'arbre, le plus haut possible.

Les mûres dans le couvercle du pot à lait.

Comme quand elle était petite avec le frère le plus proche.

Le frère, le vrai.

L'enfance, la vraie.

Gaspard a déposé un autre livre de Marguerite Duras sous sa porte, *Écrire*. À l'intérieur du livre, il a glissé une invitation : *Quelques jours en Normandie chez des amis, ça te dit ?*

Elle répond oui.

Maintenant, oui.

Le texte qu'elle doit apprendre attendra quelques jours. Vincent G. et elle ne commencent les répétitions que dans deux mois.

Elle ouvre le livre de Marguerite :

*Un prix à payer pour avoir osé sortir et crier,* lit-elle.

Quelques jours plus tard, à la radio, elle entend une chorégraphe parler de son enfance traversée d'épreuves.

— Comment avez-vous fait pour vous en sortir ? demande la journaliste.

— C'est Patti Smith qui m'a sauvée.

Elle, c'était Marguerite Duras.

L'été est loin.

Septembre.

Souvent, on regrette quand septembre arrive. On aurait dû profiter plus. Ou mieux. Du soleil. Des soirées longues, encore. De la mer. Des vacances.

Elle, ne regrette pas.

En Normandie ou presque, pas si loin des Roches Noires, elle va cueillir les dernières mûres dans les ronces.

Ici tout est simple.

L'air est doux. Les fenêtres de la maison sont ouvertes.

Elle entend au loin l'inquiétude des amis, mais elle est passée où ? Tu la vois ?

Le soir, elle découvre les saveurs des délices de Tunis, l'odeur des pistaches grillées, le désir, les baisers, viens, viens plus près, la douceur de ses mains, et, avec lui, imagine de nouveaux étés.

Gaspard.

Un jour, elle ne s'appellera plus elle.
Elle retrouvera un prénom.
Choisi, inventé.

Oser sortir et crier.

Pour en savoir plus
sur les Éditions Récamier
(catalogue, auteurs, vidéos, actualités...),
vous pouvez consulter
www.editions-recamier.fr
www.lisez.com

lisez!

et nous suivre sur les réseaux sociaux

Éditions Récamier

@Ed_Recamier

@editionsrecamier

#lisez engagé !
Pour plus d'information :
www.lisez.com
Imprimé sur du papier issu de forêts gérées durablement.

CET OUVRAGE A ÉTÉ ACHEVÉ D'IMPRIMER SUR ROTO-PAGE
PAR L'IMPRIMERIE FLOCH À MAYENNE EN MAI 2024

N° d'impression : 104848
*Imprimé en France*